全国工会干部培训

通识教材

中华全国总工会◎编

中国工人出版社

图书在版编目（CIP）数据

全国工会干部培训通识教材 / 中华全国总工会编.
北京：中国工人出版社, 2025. 8. -- ISBN 978-7-5008-8693-8

Ⅰ. D412.6

中国国家版本馆CIP数据核字第2025P4L056号

全国工会干部培训通识教材

出 版 人 董　宽
责任编辑 赵晨羽　周子欣
责任校对 张　彦
责任印制 栾征宇
出版发行 中国工人出版社
地　　址 北京市东城区鼓楼外大街45号　邮编：100120
网　　址 http://www.wp-china.com
电　　话 （010）62005043（总编室）
（010）62005039（印制管理中心）
（010）62382916（工会与劳动关系分社）
发行热线 （010）82029051　62383056
经　　销 各地书店
印　　刷 北京市密东印刷有限公司
开　　本 710毫米×1000毫米　1/16
印　　张 14.25
字　　数 190千字
版　　次 2025年8月第1版　2025年11月第6次印刷
定　　价 39.00元

《全国工会干部培训通识教材》
编写委员会

《全国工会干部培训通识教材》编写人员

（按姓氏笔画为序）

丁　玲　马明凯　马惠珺　王　选　王　斌
王永华　王压非　王博韬　毛丽娜　方　建
孔繁羽　石绍庆　付　瑜　仝志鹏　包培亮
刘　飞　刘　涛　刘　鹏　刘小琴　刘中华
刘超男　汝　倩　孙向南　李　实　李　琼
李　瑞　李安福　李进东　李奉明　李孝海
吴　薇　张　玲　张　媛　张晓娟　张倩颖
范晓婧　尚　薇　金华勇　周建元　郑　颖
郑海欣　赵晨羽　郝　帅　钟雪生　柴芳墨
徐玉宝　高志菲　高瑶瑶　唐尹彦　阎　伟
董涵琼　蒋坤芝　赖金金　裴新岗　潘泰萍

奋力书写我国工运事业更加壮丽的时代篇章（代序）

徐留平

今年是中华全国总工会成立100周年，也是每5年一次的全国劳动模范和先进工作者表彰年。4月28日上午，党中央隆重召开庆祝表彰大会，习近平总书记亲自出席并发表重要讲话，这是我国工运事业发展史上具有里程碑意义的一件大事，是对亿万职工群众、广大劳动模范和全体工会工作者的亲切关怀、巨大鼓舞。习近平总书记的重要讲话，贯通历史、现实、未来，饱含理论深度、实践厚度、情感温度，彰显了马克思主义政治家、思想家、战略家的历史眼光和深邃思考，进一步丰富和发展了习近平总书记关于工人阶级和工会工作的重要论述，为在新的历史起点上推动工会工作守正创新、推动我国工人运动蓬勃发展指明了前进方向、提供了根本遵循。我们要把学习贯彻落实习近平总书记重要讲话精神作为首要政治任务，切实用讲话精神统一思想、统一意志、统一行动，赓续光荣传统，勇担时代使命，忠诚履职尽责，奋力书写我国工运事业更加壮丽的时代篇章。

从百年工人运动光辉历程中汲取智慧力量

我国工运事业是在党的领导下发展起来的，是党的事业的重要组成部分。习近平总书记指出，“中华全国总工会成立以来的100年，是马克思主义工运理论同中国工人运动具体实际相结合的100年，是我国工人阶级和工会组织矢志不渝跟党走、为实现中华民族伟大复兴团结奋斗的100年”“100年来，党的工运事业理论创新和实践发展的最重要成果，就是形成了中国特色社会主义工会发展道路”……这些重要论述，为我们看清楚过去为什么能够成功、弄明白未来怎样才能继续成功，从而更加坚定历史自信、把握历史主动提供了强大底气。

从百年工人运动光辉历程中汲取智慧力量，最根本、最紧要的就是要深刻领悟坚持党的全面领导的历史必然性。回望百年历程，我们党在领导伟大事业和推进重要工作时，历来高度重视我国工人阶级和工会组织的作用，领导工运事业不断从胜利走向新的胜利。党的十八大以来，以习近平同志为核心的党中央着眼巩固党长期执政的阶级基础和群众基础，坚持党对工运事业和工会工作的全面领导，坚定不移走中国特色社会主义工会发展道路，推动党的工运事业取得历史性成就、实现全方位进步。习近平总书记在“五一”国际劳动节以不同方式向工人阶级和广大劳动群众致以节日祝贺，多次深入基层一线看望慰问职工群众，领导召开党的历史上第一次中央党的群团工作会议，亲自谋划指导产业工人队伍建设改革和工会改革，为党的工运事业和工会工作领航掌舵、把关定向，彰显了大党大国领袖对工人阶级的深厚情谊和对工会工作的殷切关怀。新时代工人阶级的发展壮大、工会工作的蓬勃发展，根本在于有以习近平同志为核心的党中央坚强领导，有习近平新时代中国特色社会主义思想科学指引。

历史和实践充分证明，中国共产党始终是推动我国工运事业发展的坚强领导核心，始终是中国工人阶级当之无愧的先锋队。没有党的坚强领导，就没有波澜壮阔的中国工人运动。新征程上，工会必须永远保持自觉接受党的领导这一优良传统，深刻领悟“两个确立”的决定性意义，进一步增强“四个意识”、坚定“四个自信”、做到“两个维护”，把党的领导全面地、有效地贯彻落实到工会工作全过程和各方面，在思想上政治上行动上同以习近平同志为核心的党中央保持高度一致，确保我国工运事业始终沿着正确方向奋勇前进。

动员激励亿万职工群众奋进新征程建功新时代

习近平总书记指出，党的二十大明确了以中国式现代化全面推进强国建设、民族复兴伟业的中心任务。这一中心任务，就是我国工人运动的时代主题。新时代新征程，必须紧紧围绕党的中心任务，汇聚起工人阶级和广大劳动群众的磅礴力量。

历史赋予工人阶级和广大劳动群众伟大而艰巨的使命，时代召唤工人阶级和广大劳动群众谱写壮丽而崭新的篇章。新征程上，工会必须牢牢把握我国工人运动时代主题，坚持全心全意依靠工人阶级的根本方针，充分调动亿万职工群众的积极性、主动性、创造性，为中国式现代化建设而团结奋斗。

组织动员广大职工建功立业、创新创造。围绕推动高质量发展这一首要任务，实施职工群众建功立业、创新创造建设工程，激发广大职工劳动热情、创造潜能，为传统产业转型升级、新兴产业发展壮大、未来产业培育生长、加快发展新质生产力贡献智慧力量。围绕国家重大战略、重大工程、重大项目、重点产业，广泛开展劳动和技能竞赛，营造比学赶帮超的浓厚氛围。广泛开展面向生产全过程的技术革新、技术创新、技术攻关、技术创造和小发明、小创造、小革新、小设计、小建议等群众性创新创造活动，鼓励广大职工立足工作岗位、解决现场实际问题。

深化产业工人队伍建设改革。认真贯彻落实《中共中央 国务院关于深化产业工人队伍建设改革的意见》，履行工会牵头抓总职责，实施产业工人队伍建设工程，着力推动完善产业工人技能形成体系，健全产业工人职业发展体系，完善劳动、技能、知识、创新等要素参与分配制度，加快建设一流产业技术工人队伍，培养造就更多大国工匠和高技能人才。深入实施职工素质建设工程，引导广大劳动者终身学习、不断提高自身素质，主动适应新一轮科技革命和产业变革需要，密切关注行业、产业前沿知识和技术进展，不断提高技术技能水平，努力建设一支知识型、技能型、创新型的劳动者大军。

大力弘扬劳模精神、劳动精神、工匠精神。深入践行社会主义核心价值观，广泛宣传劳动模范和其他先进典型的先进事迹，弘扬劳动最光荣、劳动最崇高、劳动最伟大、劳动最美丽的社会风尚，激励广大职工将辛勤劳动、诚实劳动、创造性劳动作为自觉行动，唱响“咱们工人有力量”的时代强音，依靠劳动创造扎实推进中国式现代化。发挥劳模工匠示范引领作用，完善劳模工匠培养培育、选树宣传和服务管理工作机制，常态化开展“劳模工匠进校园”“劳模工匠助企行”等活动，深化劳模工匠创新工作室及其联盟建设，为劳模工匠传承技能、传承精神创造良好条件。

充分发挥党联系职工群众的桥梁纽带作用

习近平总书记指出，百年工会正站在新的历史起点上，党和国家对工会组织寄予厚望，职工群众对工会组织充满期待。各级工会要全面贯彻落实党中央决策部署，推动工会工作高质量发展，书写我国工运事业更加壮丽的时代篇章。

面向未来，工运事业前景广阔、大有可为，工会组织使命光荣、责任重大。新征程上，工会必须牢记领袖殷殷嘱托，干字当头、奋发有为，推动习近平总书记重要讲话精神在工会系统落地生根、形成生动实践。

加强职工思想政治引领。坚持不懈用习近平新时代中国特色社会主义思想凝心铸魂，实施职工群众思想政治引领建设工程，着力抓好“以政启人、以情动人、以理服人、以常化人、以阵地聚人”，教育引导广大职工坚定不移听党话、矢志不渝跟党走，确保工人阶级始终是我们党最坚实最可靠的阶级基础。深入职工群众开展形势政策宣传教育，引导广大职工树立积极心态、坚定发展信心。构建工会大宣传格局，做强“中国工人大思政课”，大力提升职工思想政治工作引领力。落实意识形态工作责任制，深化“网聚职工正能量 争做中国好网民”主题活动，积极稳妥加强网络舆论引导，确保工会意识形态安全。

用心用情用力做好职工维权服务工作。认真履行维权服务基本职责，实施工会维权服务提升建设工程，聚焦劳动就业、技能培训、收入分配、社会保障、安全卫生等职工利益问题，完善“普惠性 + 特殊性”维权服务工作体系，努力让广大职工实现体面劳动、全面发展。开展工会解决职工群众急难愁盼问题“12351+”专项行动，突出做好新就业形态劳动者、农民工、困难职工等重点群体维权服务工作，把党和政府的关怀、工会组织的温暖送到广大职工心坎上。健全以职工代表大会为基本形式的企事业单位民主管理制度，保障职工知情权、参与权、表达权、监督权，畅通职工诉求表达渠道，引导职工依法维护自身权益，推动构建和谐劳动关系。

深化工会改革和建设。牢牢把握增强政治性、先进性、群众性的改革方向，推动工会改革向纵深发展，增强工会组织引领力、组织力、服务力，始终做职工群众信赖的贴心人、娘家人。牢固树立大抓基层鲜明导向，开展非公企业工会建设三年行动、“小三级”工会建设三年行动，夯实基层基础、激发基层活力。实施工会数智化建设工程，建强用好工会直接服务亿万职工群众的数智化系统“职工之家”APP，大幅提高工会服务效率和能力。全面加强工会系统党的建设，扎实开展深入贯彻中央八项规定精神学习教育，深入推进党风廉政建设和反腐败斗争，打造忠诚干净担当的高素质专业化工会干部队伍，以高质量党建引领保障工会工作高质量发展。

百年荣光映初心，砥砺奋进再出发。站在新的历史起点上，各级工会要更加紧密地团结在以习近平同志为核心的党中央周围，全面贯彻习近平新时代中国特色社会主义思想，坚定不移走中国特色社会主义工会发展道路，艰苦奋斗、团结奋斗、不懈奋斗，在进一步全面深化改革、推进中国式现代化中充分发挥工人阶级主力军作用和工会桥梁纽带作用。

（本文为中华全国总工会党组书记、副主席、书记处第一书记徐留平在 2025 年 5 月 6 日《人民日报》发表的文章）

前 言

1848 年《共产党宣言》的发表，开启了国际共产主义运动新纪元。工人阶级自第一次工业革命产生以来，在马克思主义指引下，为争取自身解放掀起了改变世界格局的国际工人运动浪潮，中国工人运动成为其重要组成部分。从近代民族危亡中觉醒的中国工人阶级，在中国共产党领导下，将马克思主义工运理论同中国工人运动具体实际相结合，投身革命、建设、改革伟大事业，书写了跨越百年的奋斗史诗，彰显了中国工人阶级与党同心、跟党奋斗的政治本色。中国工会作为中国共产党领导的职工自愿结合的工人阶级群众组织，团结动员广大职工围绕党在各个历史时期的中心任务建功立业，探索形成了中国特色社会主义工会发展道路，成为国家治理体系的重要组成部分，谱写了中国工人运动的壮丽篇章。

党的十八大以来，习近平总书记围绕工人阶级和工会工作作出一系列重要指示，部署一系列重要工作，深刻回答了工运事业和工会工作一系列方向性、根本性、战略性问题，形成了习近平总书记关于工人阶级和工会工作的重要论述，成为习近平新时代中国特色社会主义思想的重要组成部分，为开创新时代工运事业和工会工作新局面提供了科学指引和行动指南。

站在百年工运新的历史起点上，为深入学习贯彻习近平总书记关于工人阶级和工会工作的重要论述，坚定不移走中国特色社会主义工会发展道路，帮助广大工会干部、职工群众和社会各界系统掌握工会工作的历史脉络、基础理论、业务知识，提升工会干部履职能力与专业素养，更好适应工会干部学习培训需要，中华全国总工会（简称全国总工会或全总）组织编写了《全国工会干部培训通识教材》。

全国总工会把编写通识教材作为加强工会干部队伍建设的基础性、战略性工作来抓，成立由全总党组书记、副主席、书记处第一书记徐留平为主任，全总党组、书记处其他领导同志为副主任，办公厅、组织部、宣传教育部、研究室、权益保障部、劳动和经济工作部、基层工作部、网络工作部、社会联络部、法律工作部、女职工部、财务部、国际联络部、经费审查委员会办公室、机关党委、资产监督管理部、中国工运研究所、全总信息中心、中国职工对外交流中心、中国劳动关系学院、中国工人出版社等有关部门主要负责同志为成员的编写委员会，各有关部门编写相应章节，办公厅、组织部统筹协调。本书编写过程中，征求了各驻会全国产业工会、全总有关部门、北京市工会干部学院、上海工会管理职业学院、浙江省总工会干部学校、山东管理学院、广东省总工会干部学校、陕西工运学院等单位的意见，参考了工会系统内外大量研究资料，力求集思广益，体现工会理论研究和实践探索的最新成果。

本书编写工作坚持突出政治性，以习近平新时代中国特色社会主义思想为指导，深入学习贯彻习近平总书记关于工人阶级和工会工作的重要论述，落实《干部教育培训工作条例》要求，坚持正确政治方向、把握政治标准，集中反映党的创新理论最新成果；贯穿体系化，围绕中国工会十八大精神和全国总工会创新实施“559”工作部署，力求内容全面、重点突出；体现通识性，既包含党的工运理论，又涵盖工会重点业务，力求文字简练，可读性强，更广泛地适应各级工会干部培训需求；强化实用性，坚持理论联系实际，突出实践导向，运用数智化工具，以工会干部应知应会内容为核心，力求通过阅读“一本通”式培训教材，帮助工会干部、职工群众和社会各界读者快速理解和掌握工会工作基础知识。

本书共 17 章，基于工会业务工作体系，涵盖工会基础理论与知识（第一章、第二章）、面向职工的主要业务（第三章至第十二章）及工作运行保障（第十三章至第十七章）等 3 个部分。

第一章中国工人运动和工会工作的发展历程，是工会历史与时代背景。包括新民主主义革命时期、社会主义革命和建设时期、改革开放和社会主义现代化建设新时期、中国特色社会主义新时代等 4 个时期。

第二章习近平总书记关于工人阶级和工会工作的重要论述，是工会工作的根本遵循。包括理论来源、发展过程、主要内容等方面。

第三章职工和工会会员，是工会工作的主体和依靠。包括从近代至当代的职工队伍的发展变化和工会会员情况。

第四章工会组织建设，是工会的组织基础。包括工会组织原则、组织制度，全国各级工会的职责、机构设置，职工之家建设，工会工作者队伍建设。

第五章工会理论研究，是工会工作的成事之基、谋事之道。包括工会理论研究体系、成果运用、研究力量。

第六章工会工作法治化，是工会工作的法治保障。包括主要涉工法律法规、源头参与法律法规制定、劳动法律监督、法治宣传教育、法律援助服务。

第七章职工思想政治引领，是工会组织的政治责任。包括思想政治工作、意识形态工作、新闻宣传、舆情工作。

第八章产业工人队伍建设改革，是工会组织承担的重大任务。包括背景、内容。

第九章职工建功立业，是工人运动的时代主题。包括劳动和技能竞赛、职工创新创造、培养选树劳模工匠、职业教育和职业培训。

第十章、第十一章维护职工权益、服务职工，是工会组织的基本职责。包括职工劳动经济权益、民主政治权利、精神文化权益及工会服务的重点群体、服务品牌、服务阵地、服务热线和平台。

第十二章劳动关系协商协调，是工会工作的主线。包括协调劳动关系三方机制、政府与同级工会联席会议制度、集体协商和集体合同制度、劳动关系风险监测预警、劳动关系矛盾纠纷预防化解、劳动领域政治安全。

第十三章财务、资产管理，是工会工作的物质保障。包括经费管理、财务监督、资产监督管理。

第十四章经费审查审计，是工会工作的内部监督。包括经费审查、审计。

第十五章外事、港澳台工作，是工会工作的环境保障。包括外事工作、港澳台工作。

第十六章体系化、数智化，是工会工作的技术保障。包括体系化、“职工之家”APP、智能OA系统、管理驾驶舱、行业大模型。

第十七章党的建设，是工会工作的政治保障。包括党的全面领导、全面从严治党、党风廉政建设和反腐败工作。

希望本书能够成为各级工会组织特别是工会院校打造高素质专业化工会干部队伍的基础教材，帮助广大工会干部进一步提升专业素养、增强履职能力，为推动工会工作高质量发展提供坚实的组织保证和人才支持。

目　录

第一章　中国工人运动和工会工作的发展历程 …………………………… 1

第一节　新民主主义革命时期（1919—1949 年）………………………… 1
第二节　社会主义革命和建设时期（1949—1978 年）…………………… 4
第三节　改革开放和社会主义现代化建设新时期（1978—2012 年）… 6
第四节　中国特色社会主义新时代（2012 年以来）……………………… 9

第二章　习近平总书记关于工人阶级和工会工作的重要论述 …… 14

第一节　理论来源 ………………………………………………………… 14
第二节　发展过程 ………………………………………………………… 17
第三节　主要内容 ………………………………………………………… 19

第三章　职工和工会会员 ………………………………………………… 24

第一节　职工 ……………………………………………………………… 24
第二节　工会会员 ………………………………………………………… 29

第四章　工会组织建设 …………………………………………………… 31

第一节　组织原则、组织制度 …………………………………………… 31

第二节　中华全国总工会 …… 33
第三节　地方工会 …… 36
第四节　产业工会 …… 38
第五节　基层工会 …… 41
第六节　工会工作者队伍 …… 47

第五章　工会理论研究 …… 50

第一节　理论研究体系 …… 50
第二节　理论研究成果运用 …… 54
第三节　理论研究力量 …… 56

第六章　工会工作法治化 …… 59

第一节　主要涉工法律法规 …… 59
第二节　源头参与法律法规制定 …… 65
第三节　劳动法律监督 …… 67
第四节　法治宣传教育 …… 69
第五节　法律援助服务 …… 71

第七章　职工思想政治引领 …… 75

第一节　思想政治工作 …… 75
第二节　意识形态工作 …… 78
第三节　新闻宣传 …… 81
第四节　舆情工作 …… 83

第八章 产业工人队伍建设改革 …… 86

第一节 背景 …… 86
第二节 内容 …… 88

第九章 职工建功立业 …… 93

第一节 劳动和技能竞赛 …… 93
第二节 职工创新创造 …… 96
第三节 培养选树劳模工匠 …… 99
第四节 职业教育和职业培训 …… 103

第十章 维护职工权益 …… 107

第一节 劳动经济权益 …… 107
第二节 民主政治权利 …… 112
第三节 精神文化权益 …… 117

第十一章 服务职工 …… 121

第一节 服务重点群体 …… 121
第二节 服务品牌 …… 125
第三节 服务阵地 …… 129
第四节 12351 工会服务职工热线和信访 …… 131

第十二章 劳动关系协商协调 …… 136

第一节 协调劳动关系三方机制 …… 136
第二节 政府与同级工会联席会议制度 …… 139
第三节 集体协商和集体合同制度 …… 141
第四节 劳动关系风险监测预警 …… 144
第五节 劳动关系矛盾纠纷预防化解 …… 147
第六节 劳动领域政治安全 …… 150

第十三章 财务、资产管理 …… 153

第一节 经费管理 …… 153
第二节 财务监督 …… 156
第三节 资产监督管理 …… 158

第十四章 经费审查审计 …… 162

第一节 经费审查 …… 162
第二节 审计 …… 164

第十五章 外事、港澳台工作 …… 168

第一节 外事工作 …… 168
第二节 港澳台工作 …… 173

第十六章 体系化、数智化 …… 177

第一节 体系化 …… 177
第二节 “职工之家”APP …… 180
第三节 智能 OA 系统 …… 183
第四节 管理驾驶舱 …… 186
第五节 行业大模型 …… 188

第十七章 党的建设 …… 191

第一节 党的全面领导 …… 191
第二节 全面从严治党 …… 193
第三节 党风廉政建设和反腐败工作 …… 197

名词术语表 …… 201

参考文献 …… 206

第一章 中国工人运动和工会工作的发展历程

工会是工人阶级为保护和争取自身利益，在自愿结合基础上产生和发展起来的工人阶级群众组织，是社会经济矛盾特别是劳动关系矛盾的产物。中国工会是中国共产党领导的职工自愿结合的工人阶级群众组织，是党联系职工群众的桥梁和纽带，是社会主义国家政权的重要社会支柱，是会员和职工利益的代表。中国工人运动是在中国共产党的领导下发展壮大起来的，是中国工人阶级为争取自身和民族权益、推动社会进步而奋斗的社会运动。中国工运事业始终与党的事业同频共振，工人阶级的命运始终与党的命运紧密相连。本章包括新民主主义革命时期、社会主义革命和建设时期、改革开放和社会主义现代化建设新时期、中国特色社会主义新时代的工人运动和工会工作等内容。

第一节 新民主主义革命时期（1919—1949 年）

1840 年鸦片战争后，随着近代工业的产生与发展，中国工人阶级诞生。1919 年“五四运动”爆发，工人阶级以独立的政治力量登上历史舞台，中国革命进入新民主主义革命时期，中国工会团结动员广大工人群众以大无畏革命精神，奋勇投身反对帝国主义、封建主义、官僚资本主义的革命洪流，前赴后继、浴血奋战，为实现民族独立和人民解放、建立新中国作出了重要贡献。

一、中国共产党建立初期

（一）中国共产党领导的革命工会成为主流

1921 年 7 月中国共产党建立后，极为重视工人运动。党的一大通过的《中国共产党第一个决议》明确了党的基本任务就是建立产业工会。为了更好地开展工人运动，党在 1921 年 8 月发起建立中国劳动组合书记部，作为党第一个公开领导工人运动的总机关，在中国工运史上具有十分重要的地位，发挥了极为重要的作用。1922 年 5 月 1 日至 6 日，由中国劳动组合书记部发起，在广州召开了第一次全国劳动大会。1925 年 5 月，根据中共中央决定，第二次全国劳动大会在广州召开，大会宣布正式成立中华全国总工会，实现了全国工人阶级和工会组织在政治上和组织上的团结统一。随着国共合作和国民大革命的推进，中国共产党领导的全国总工会在广东、湖南等地积极开展工人运动，推动工会组织迅速发展壮大。

（二）工人运动风起云涌

在以城市为中心的革命发展道路中，工人阶级是革命的主要力量。中国共产党成立后不到半年时间，就领导掀起了全国第一次工人运动高潮。1922 年 9 月，安源路矿工人大罢工，在中共湘区书记、中国劳动组合书记部湖南分部主任毛泽东领导下，李立三、刘少奇具体领导指挥下，取得改善待遇、增加工资的胜利。这是中国共产党第一次独立领导并取得完全胜利的工人斗争，提高了党组织在工人群众中的威信。1923 年，京汉铁路工人大罢工成为第一次全国工人运动高潮的顶点。京汉铁路工人的斗争活动惨遭军阀镇压，工人运动转入低潮。1924 年初大革命开始后，工人运动开始走出低谷，逐渐壮大。1925 年五卅运动掀起的反帝风暴席卷全国，展现了工人阶级中流砥柱的作用；1926—1927 年春，在收回汉口、九江租界的反帝爱国斗争中，工人阶级发挥了重要作用；上海工人三次武装起义的胜利把大革命中的工人运动推上巅峰。1927 年 4 月以后，由于蒋介石、汪精卫集团先后发动政变，国共合作全面破裂，大革命遭到失败，工人运动陷入低潮。然而，事实充分证明，工人阶级在国民革命中革命性最强、最彻底，是中国革命的领导阶级。

二、土地革命至解放战争时期

（一）党领导的工农民主政权中工人运动与工会工作的探索与发展

在中国共产党领导的工农民主政权建设中，苏区工会被确立为苏维埃政权的柱石、保护工人利益的堡垒和广大工人群众学习共产主义的学校。抗日战争时期，陕甘宁边区响应毛泽东同志“自己动手，丰衣足食”的号召，以模范工人赵占魁为代表的工人群众深入开展生产竞赛运动。这一运动发扬了工人阶级的先锋作用，有效促进了边区工业建设，为打破经济封锁、支援抗战提供了重要物质保障。随着新民主主义理论的深化发展，党在解放战争时期系统纠正了工农民主政权中存在的“左”倾劳动政策偏差，创造性地提出了“发展生产、繁荣经济、公私兼顾、劳资两利”的新民主主义劳动政策，为工会工作确立了指导方针。各解放区积极贯彻这一政策，在扩大巩固工会组织的同时，有效动员工人群众投身解放区保卫和建设事业，有力推动了全国工人运动的蓬勃开展。

（二）国民党统治区工人运动的曲折发展

在大革命失败初期，一度在“左”倾错误影响下，继续坚持城市中心论，不断进行工人暴动，使得城市中幸存下来的工人组织及力量损失严重。全国总工会无法在国统区立足，被迫迁往中央苏区。随着党的斗争策略的调整，在土地革命后期，对国统区工人运动的“左”倾冒险主义和关门主义进行了批评，提出要利用合法的形式，领导工人经济斗争和政治斗争。此后，国统区工运贯彻隐蔽精干、长期埋伏、积蓄力量、以待时机的十六字白区工作方针，采取经济和政治斗争、合法和非法斗争、公开与秘密斗争结合的斗争策略，进而在国统区形成以工人运动为主体的、配合人民解放战争的第二条战线。

（三）工会组织实现全国统一

1948 年 4 月 30 日，中国共产党发布著名的“五一口号”，号召“解放区和蒋管区的职工联合起来，建立全国工人的统一组织，为全国工人阶级的解放而奋斗”。同年 8 月，第六次全国劳动大会在哈尔滨召开，恢复重建中华全国总工会，中国劳动协会以团体会员加入中华全国总工会，重新实现了全国工人阶级的大团结和全国工人运动组织上的统一。

第二节　社会主义革命和建设时期（1949—1978 年）

社会主义革命和建设时期，中国工会团结动员广大职工群众以主人翁精神和澎湃激情，积极投身新中国建设，发愤图强、艰苦创业，唱响了“咱们工人有力量”的时代强音，为巩固新生的人民政权、建立社会主义基本制度、推进社会主义建设作出了重要贡献。

一、社会主义革命时期

（一）工会工作的方针任务发生了根本转变

1949 年 10 月 1 日，中华人民共和国成立，工人阶级的政治地位和经济地位发生了根本性变化。在政治上，工人阶级成为国家的领导阶级；在经济上，工人阶级的劳动和生活条件得到改善。1950 年 6 月 29 日，中央人民政府颁布了《中华人民共和国工会法》[①]，这是新中国成立后国家颁布的第二部法律，确立了工人阶级的国家主人翁地位和工会的法律地位。政府通过用工制度改革解决了失业问题；通过工资制度改革，建立了按劳分配的社会主义分配原则。政府还颁布了劳动保险和安全生产等一系列条例，对城镇职工逐步实现了生、老、病、死、伤、残等劳动保险，并把劳动保险事业托交工会统一管理，一种以社会主义计划经济为主要特征的新型劳动关系逐步形成。为了保证工人阶级

① 本书中简称《工会法》，为行文简洁，其他法律一般也省略“中华人民共和国”。

在大规模经济建设时期充分发挥主力军作用，1953年召开的中国工会第七次全国代表大会，确定了“以生产为中心，生产、生活、教育三位一体”的工会工作方针，对发挥工会在社会主义建设中的作用有积极的意义。1957年召开的中国工会第八次全国代表大会，坚持了中国工会七大的工会工作方针。

（二）把全国工人阶级组织起来

1949年7—8月召开的全国工会工作会议，提出今后1年左右把全国工人阶级、首先是产业工人基本上组织起来的任务。新中国成立后，工会的首要任务是把全国工人群众组织起来。1949年10月，全国总工会执委扩大会议决定筹建10个全国性产业工会组织。在重点发展产业工会组织的同时，与各级党委相对口并在同级党委领导下组建的地方工会也获得全面发展。全国总工会所属全国产业工会、地方工会及其基层工会组织迅速建立起来，到1952年，主要大中城市中90%以上的产业工人加入了工会。“孟泰仓库”“马恒昌小组”“万能工具胎”……以孟泰、马恒昌、王崇伦等为代表的新中国第一代劳动模范，用实际行动诠释了工人阶级的伟大品格。

（三）社会主义工会理论问题的探讨

为了统一思想，澄清社会主义工会理论的基本问题，刘少奇同志于1951年写了《国营工厂内部的矛盾和工会工作的基本任务》的文章，论证了公私矛盾，即国营工厂管理机关和工人群众之间的矛盾是国营企业的基本矛盾，是工会存在的客观基础。

二、社会主义建设时期

（一）工会理论问题的再次探索

1956年，随着社会主义改造基本完成，我国社会的主要矛盾发生了变化，人民内部矛盾开始凸显。1957年2月，毛泽东同志发表《关于正确处理人民内部矛盾的问题》的重要讲话。全国总工会主席赖若愚提出了如何在正确处理人民内部矛盾中更好地发挥工会作用的问题，引起了对社会主义建设时期工会理论问题探讨的新热潮。

（二）工会工作在坎坷中前行

在对社会主义建设进行艰难探索过程中，1958 年至 1960 年，全国总工会在党的领导和政府的号召下，在全国职工中开展了以技术革新和技术革命为中心的增产节约运动，为改变生产发展和企业技术的落后面貌、完成国民经济第二个五年计划作出了重要贡献。以"铁人"王进喜为代表的大庆石油工人，以"宁肯少活二十年，拼命也要拿下大油田"的豪迈誓言，铸就了爱国、创业、求实、奉献的大庆精神（铁人精神）。在极端困难的物质条件下，广大职工发扬主人翁精神，自力更生、奋发图强，为克服暂时的经济困难、促进国民经济的恢复发展作出了伟大的历史贡献。十年"文化大革命"给党和国家事业及工会工作带来了极大冲击，但广大职工群众自觉坚守岗位坚持生产，使国民经济仍然取得了一定成绩。粉碎"四人帮"后，各级地方工会和基层工会开始恢复重建。1977 年 8 月，党的十一大明确提出：要加强党对工会、共青团、妇联等群众组织的领导，把这些组织整顿好、建设好，充分发挥它们应有的作用。根据中共中央的指示，1978 年 4 月，全国总工会召开了八届七次执委扩大会议，决定筹备召开中国工会第九次全国代表大会，这是全国总工会工作开始全面恢复的标志。

第三节　改革开放和社会主义现代化建设新时期（1978—2012 年）

改革开放和社会主义现代化建设新时期，中国工会团结动员广大职工群众以主力军的使命担当，踊跃投身改革开放，锐意进取、甘于奉献，为解放和发展社会生产力、建设中国特色社会主义作出了重要贡献。

一、改革开放初期

（一）工会工作方针的发展

1978 年 10 月，在中国工会九大上，邓小平同志代表党中央和国务院致词，正确阐明了新时期中国工人运动和工会工作发展的客观规律和前进方向、工会在社会主义现代化建设中的作用和任务，是指导新时期中国工人运动和工会工作的纲领性文件。党的十一届三中全会以来的路线方针政策，推动了工人运动和工会工作拨乱反正。1983 年中国工会十大确立了新时期工会工作的方针，即以四化建设为中心，为职工说话、办事，维护职工的合法权益，加强对职工的思想政治教育和文化技术教育，建设一支有理想、有道德、有文化、守纪律的职工队伍，充分发挥工人阶级在社会主义物质文明和精神文明建设中的主力军作用。

1988 年 10 月召开的全国总工会十届六次执委会审议通过《工会改革的基本设想》，系统提出工会改革的目标、任务和要求，首次明确工会履行维护、建设、参与、教育四项社会职能。同月召开的中国工会十一大确定了今后一个时期工会工作的方针：以经济建设为中心，立足改革全局，把发展社会生产力和维护职工利益结合起来，增强基层工会活力，实现工会的群众化、民主化，团结教育广大职工为建设有中国特色的社会主义而奋斗。

1989 年 12 月，《中共中央关于加强和改善党对工会、共青团、妇联工作领导的通知》印发，强调支持工会等在维护全国人民总体利益的同时，更好地代表和维护自己所代表的群众的具体利益。

（二）改革中的工会工作

工会支持、参与改革，推进和完善企业职工民主管理。1984 年底，全国总工会十届二次执委会议作出《认真贯彻党的十二届三中全会精神　充分发挥工会组织在经济体制改革中的作用》的决议，要求把建立健全职工代表大会制度作为工会工作的重点，大力推进企业民主管理。1985 年 7 月，全国总工会召开十届六次主席团（扩大）会议，要求充分发挥工会组织和职工代表在审议企业重大决策、监督行政领导和维护职工合法权益等方面的权利和作用。职工代表大会制度得到进一步完善和发展，成为企业民主管理的重要形式。

随着经济体制改革的深入，职工的劳动就业、工资分配、社会保障等方面发生深刻变化，工会及时调整工作重点，通过各种途径和方式维护职工的合法权益。

在改革开放和社会主义现代化建设的浪潮中，工会紧紧围绕经济建设这个中心，通过开展劳动竞赛、合理化建议、技术革新等活动，动员和组织广大职工投身于社会主义现代化建设。

二、社会主义市场经济发展时期

（一）探索社会主义市场经济条件下工会工作新路子

1992 年初，邓小平同志发表南方谈话，同年召开的党的十四大确立了建立社会主义市场经济体制的目标。1992 年 4 月，第七届全国人大第五次会议审议通过《工会法》修改草案，为工会在法治化轨道上开展工作提供了重要法律依据。1993 年 10 月，中国工会十二大召开，江泽民同志提出要积极探索有中国特色社会主义工会工作的新路子，努力开创工会工作新局面。1994 年 7 月，全国人大常委会审议通过《劳动法》。1994 年 12 月召开的全国总工会十二届二次执委会提出工会工作总体思路，要求以贯彻实施《劳动法》为契机和突破口，进一步强化维护职能，明确维护是工会的基本职责。1999 年，全国总工会贯彻落实《中共中央关于国有企业改革和发展若干重大问题的决定》，提出“五突破一加强”的工会工作举措，明确“抓机制、办实事、转作风、求实效、促发展”的工作思路。2001 年修改后的《工会法》，把维护职工合法权益确定为工会的基本职责。

（二）中国特色社会主义工会发展道路理论体系的形成

2003 年，中国工会十四大强调维护职工合法权益，最大限度地把广大职工组织起来。2004 年，全国总工会确定“组织起来、切实维权”的工会工作方针。同年底，全国总工会十四届二次执委会议审议通过《关于进一步加强基层工会工作的决定》。2005 年 3 月，全国总工会首次提出坚持走中国特色社会主义工会发展道路的命题。此后于 2005 年 7 月、2012 年 1 月、2013 年 2 月先后作出关于坚持走中国特色社会主义工会发展道路的 3 个决议，对中国工会成立以来特别是改革开放以来工会理论成果与实践经验进行了高度概括和科学总结。在此基础上，全国总工会先后提出“以职工为本，主动依法科学维权”的工会维权观、“促进企业发展、维护职工权益”的企业工会工作原则、“两个普遍”（依法推动企业普遍建立工会组织、依法推动企业普遍开展工资集体协商）的工会工作目标。各级工会团结动员职工建功立业，做好职工思想政治工作，推动企业实施劳动合同制度和建立平等协商、集体合同制度，积极推进劳动关系三方协调机制的建设和发展，加强工会自身建设，工会工作取得显著成效。

第四节　中国特色社会主义新时代（2012 年以来）

党的十八大以来，中国特色社会主义进入新时代。党中央就工人阶级和工会工作作出一系列重要论述，部署一系列重要工作，推动党的工运事业取得历史性成就、实现全方位进步。中国工会坚持以习近平新时代中国特色社会主义思想为指导，团结动员广大职工群众以奋斗者姿态，为以中国式现代化全面推进强国建设、民族复兴伟业作出了重要贡献。

一、工会十六大至工会十七大期间

（一）明确为实现中华民族伟大复兴的中国梦而奋斗的时代主题

2012 年 11 月 29 日，习近平总书记带领第十八届中央政治局常委参观《复兴之路》展览，首次提出实现中华民族伟大复兴的中国梦。2013 年 4 月 28 日，习近平总书记亲临全国总工会机关，同全国劳模代表亲切座谈，深刻阐述了发挥工人阶级主力军作用与实现中国梦的内在联系，指出必须充分发挥我国工人阶级的重要作用，焕发他们的历史主动精神，调动劳动和创造的积极性。2013 年 10 月，中国工会十六大明确提出，工会作为党领导的重要人民团体，担负着团结动员广大职工为实现中国梦而奋斗的庄严历史使命。10 月 23 日，习近平总书记同全国总工会第十六届领导班子成员集体谈话并发表重要讲话，强调工会要坚持正确政治方向，牢牢把握为实现中华民族伟大复兴中国梦而奋斗的工运时代主题。

（二）有力有效推动工会改革建设

2015 年 1 月，《中共中央关于加强和改进党的群团工作的意见》印发，强调改革创新是群团工作发展进步的不竭动力，要不断推进群团工作和群团组织建设理论创新、实践创新、制度创新。7 月 6 日至 7 日，中央党的群团工作会议召开，习近平总书记出席会议并发表重要讲话，强调党的群团工作和群团组织必须保持和增强政治性、先进性、群众性，这是群团工作和群团组织的本质属性、基本定位和工作主线。7 月 23 日，中央改革办下发通知，决定在全国总工会、上海和重庆开展群团组织改革试点。11 月 9 日，习近平总书记主持召开中央全面深化改革领导小组第十八次会议，审议通过了全国总工会、上海、重庆的群团改革试点方案。全国总工会积极开展改革试点，指导上海、重庆市总工会开展改革。2017 年 2 月 6 日，习近平总书记主持召开中央全面深化改革领导小组第三十二次会议，审议通过《关于全国总工会改革试点工作总结报告》，要求继续在建机制、强功能、增实效上下功夫，巩固改革成果。2018 年 9 月，全国总工会印发《深化工会改革创新实施方案》，推动工会改革向纵深推进、向基层延伸。

（三）积极推进产业工人队伍建设改革

2017 年 4 月，《中共中央 国务院新时期产业工人队伍建设改革方案》印发。2024 年 10 月，《中共中央 国务院关于深化产业工人队伍建设改革的意见》印发。在中央改革办指导下，全国总工会认真履行牵头抓总职责，会同推进产业工人队伍建设改革协调小组及办公室各成员单位和各地方，聚焦产业工人思想引领、建功立业、素质提升、地位提高、队伍壮大等重点任务，建立健全推进改革工作机制，推动出台《关于提高技术工人待遇的意见》《关于推行终身职业技能培训制度的意见》等配套文件，开展产业工人队伍建设改革试点、十大产业百家企业深化产业工人队伍建设改革专项行动，实施产业工人队伍建设改革提升年、深化年行动，发挥国有企业示范带动作用，推动非公企业落实改革举措，推进产业工人队伍建设立法，努力造就一支有理想守信念、懂技术会创新、敢担当讲奉献的宏大产业工人队伍。

二、工会十七大至工会十八大期间

（一）新时代工运事业和工会工作创新发展的根本遵循

2017 年 10 月，党的十九大将习近平新时代中国特色社会主义思想确立为党的指导思想并写入党章。2018 年 10 月召开的中国工会十七大，首次系统阐释了习近平总书记关于工人阶级和工会工作的重要论述“八个坚持”的基本内涵与“四个立足”的实践要求。10 月 29 日，习近平总书记同全国总工会第十七届领导班子成员集体谈话并发表重要讲话，强调要坚持党对工会工作的领导，团结动员亿万职工积极建功新时代，开创我国工运事业和工会工作新局面。2021 年 12 月 24 日《工会法》第三次修改颁布，将习近平新时代中国特色社会主义思想确立为工会工作的指导思想，将工会基本职责由“维护职工合法权益”扩展为“维护职工合法权益、竭诚服务职工群众”。

（二）在统筹推动疫情防控和经济社会发展工作中发挥作用

2020 年，面对突如其来的新冠疫情，各级工会团结动员工人阶级和广大劳动群众响应党中央号召，积极投身疫情防控的人民战争、总体战、阻击战。全国总工会推出支持受疫情影响严重的行业和小微企业发展等 20 条举措，筹集资金 77.5 亿元，帮扶慰问职工 2289.5 万人次。组织开展“城市困难职工解困脱困集中攻坚”行动，截至 2020 年底，工会系统建档立卡的 549.9 万户城市困难职工家庭如期实现解困脱困，为全面建成小康社会、推动共同富裕作出了工会贡献。

（三）制定实施中国工会“十四五”发展规划

2021年7月，全国总工会印发《中国工运事业和工会工作“十四五”发展规划》，对标对表国民经济和社会发展“十四五”规划纲要，着眼保持和增强政治性先进性群众性，明确“十四五”时期工会工作发展的总体要求和9个方面重点工作，提出任务书、时间表、路线图。

三、工会十八大以来

（一）坚持用习近平新时代中国特色社会主义思想统领工会工作

2022年10月，党的二十大明确新时代新征程中国共产党的中心任务就是团结带领全国各族人民全面建成社会主义现代化强国、实现第二个百年奋斗目标，以中国式现代化全面推进中华民族伟大复兴。2023年10月9日至12日，中国工会第十八次全国代表大会召开，指出党的中心任务就是中国工人运动和工会工作的主题和方向，从8个方面进一步阐释习近平总书记关于工人阶级和工会工作的重要论述，要求各级工会坚持用习近平新时代中国特色社会主义思想统领工会工作。10月23日，习近平总书记同全国总工会第十八届领导班子成员集体谈话并发表重要讲话，强调坚持党对工会的全面领导，组织动员亿万职工积极投身强国建设、民族复兴的伟大事业。

（二）在进一步全面深化改革、推进中国式现代化中充分发挥工人阶级主力军作用

2024年7月召开的党的二十届三中全会通过《中共中央关于进一步全面深化改革、推进中国式现代化的决定》。10月29日，全国总工会印发《关于贯彻落实党的二十届三中全会精神 在进一步全面深化改革推进中国式现代化中充分发挥工人阶级主力军作用和工会桥梁纽带作用的意见》。2025年1月21日至22日召开的全国总工会十八届三次执委会议通过《关于贯彻落实党的

二十届三中全会精神 团结动员亿万职工以优异成绩迎接中华全国总工会成立100周年的决议》。

（三）不断提升工会组织引领力组织力服务力

中国工会十八大以来，全国总工会创新实施“559”工作部署（即5大工程、5大行动、9个方面重点工作）。各级工会开展新就业形态劳动者入会集中行动、百人以上企业建会专项行动和社会组织建会专项行动，实现全国互联网百强企业全部建会，新增新就业形态劳动者会员1227万余人。全面建成运行12351工会服务职工热线，扎实推进工会“一函两书”工作，配合开展《工会法》执法检查。建成工会驿站18.61万个，2024年服务新就业形态劳动者近8亿人次。推进工会数智化建设，探索普惠职工、网上入会等新方式、新途径，2024年7月，直接服务亿万职工群众的“职工之家”APP上线试运行。2024年10月，全国总工会启动创新打造“中国工人大思政课”工作，构建工会大宣传格局。

2025年4月28日，庆祝中华全国总工会成立100周年暨全国劳动模范和先进工作者表彰大会召开，习近平总书记出席大会并发表重要讲话，高度评价工人阶级和工会组织在党和国家事业发展中的重要地位和作用，指出100年来党的工运事业理论创新和实践发展的最重要成果，就是形成了中国特色社会主义工会发展道路。这条道路，坚持党对工运事业和工会工作的全面领导，确保工人运动始终沿着正确方向前进；坚持全心全意依靠工人阶级的根本方针，充分发挥工人阶级主力军作用；坚持服从和服务于党的中心任务，使工人运动和工会工作自觉在大局下行动；坚持工会组织的政治性、先进性、群众性，充分发挥党联系职工群众的桥梁和纽带作用；坚持以服务职工群众为生命线，切实维护职工合法权益、促进职工全面发展；坚持依法依章程开展工作，推动工会组织和工会工作在守正创新中不断增强生机活力。这些都是100年来党领导工运事业和工会工作宝贵经验的深刻总结，必须长期坚持。

立足新起点，工会赓续光荣传统，勇担时代使命，坚定不移走中国特色社会主义工会发展道路，努力使这条道路越走越宽广。

第二章　习近平总书记关于工人阶级和工会工作的重要论述

习近平总书记关于工人阶级和工会工作的重要论述，是习近平新时代中国特色社会主义思想的重要组成部分，是马克思主义工运理论中国化时代化的最新成果，是新时代工运事业和工会工作创新发展的科学指南。本章包括理论来源、发展过程和主要内容等。

第一节　理论来源

工运理论是研究工人运动的本质、规律与策略的理论体系。习近平总书记关于工人阶级和工会工作的重要论述，是对马克思主义工运理论的继承发展，是对我们党关于工人阶级和工会工作理论的丰富拓展。

一、马克思主义工运理论

（一）关于工人阶级的理论

马克思、恩格斯认为，无产阶级是资本主义大工业的产物，是不断发展着的、具有光明前景的伟大阶级，担负着实现人类解放的历史重任。工人阶级的解放应该由工人阶级自己去争取，工人阶级的解放斗争不是要争取阶级特权和垄断权，而是要争取平等的权利和义务，并消灭任何阶级统治。工人运动发展的趋势，是与科学社会主义相结合，受社会主义理论的指导。只有这样，历史赋予无产阶级的伟大使命才可以实现。

列宁指出，无产阶级具有劳动者先进代表的特点，便于联合、集中，组成统一的阶级队伍。工人阶级需要由高度集中的职业革命家政党（先锋部队）领导，通过科学社会主义理论武装，克服自发工联主义的局限性。无产阶级所进行的政治斗争，必须以经济斗争为基础，并与经济斗争结合起来，同时一切经济斗争都必然要变成政治斗争。

（二）关于工会的理论

马克思、恩格斯认为，工会是从资本主义中产生的，是发展新阶级的工具。工会作为工人阶级的组织中心，必须把工人阶级的彻底解放作为自己的伟大任务。工会必须与无产阶级政党结合，将经济诉求升华为夺取政权、消灭私有制的政治行动。全世界的无产者都有共同的利益和共同的敌人，全世界无产者要联合起来。

列宁认为，工会是工人阶级的群众组织，是党和群众之间的传动装置，没有工会这样的基础，就不能实现无产阶级专政，就不能执行国家职能。工会要紧紧地靠近党，这是唯一正确的原则。工会是共产主义的学校，职责是向无产阶级传播马克思主义革命理论。随着无产阶级把国家政权掌握到自己手里，工会成了新社会的主要建设者，要发动群众搞好生产，提高劳动生产率；要吸引群众参加管理，发挥群众监督作用；要关心群众生活，保护群众利益。

二、中国共产党领导人关于工人阶级和工会工作的重要论断

中国共产党不仅高度重视工运实践，而且十分重视工运理论的指导作用。党关于工人阶级和工会工作理论集中体现在几代领导人的重要讲话、重要指示之中。

毛泽东同志指出，中国工人阶级除了一般无产阶级的基本优点，即与最先进的经济形式相联系、富于组织性纪律性、没有私人占有的生产资料以外，还有自己特出的优点。由于身受帝国主义、资产阶级和封建势力三重压迫，它具

有坚决而彻底的革命性。尽管它的人数较少（和农民比较），年龄较轻（和资本主义国家的无产阶级比较），文化水准较低（和资产阶级比较），然而它必然成为革命的最基本的动力。中国民主革命根本的革命力量是工农，革命的领导阶级是工人阶级。中国共产党是无产阶级的先锋队，必须全心全意地依靠工人阶级。人民民主专政需要工人阶级的领导，因为只有工人阶级最有远见，大公无私，最富于革命的彻底性。工会是工人阶级的群众组织，要把全国工人阶级组织起来。工会是苏维埃政权的柱石，是保护工人利益的堡垒，同时它又成为广大工人群众学习共产主义的学校。工会工作要围绕生产建设这个中心工作并为这个中心工作服务，工会要主动取得党委和行政的支持，这是搞好工会工作的一个先决条件。

邓小平同志指出，工人阶级最重要的特点之一就是同社会化的大生产相联系，因此它的觉悟最高，纪律性最强，能在现时代的经济进步和社会政治进步中起领导作用，工人阶级要为实现四个现代化作出优异贡献。依靠工人阶级必须成为党的指导思想，必须贯彻到各部门中去。工会要密切联系群众，使广大工人都感到工会确实是工人自己的组织，是工人信得过的、能替工人说话和办事的组织。工会要为工人的民主权利奋斗，反对形形色色的官僚主义，它本身就必须是民主的模范。工会要教育工人艰苦奋斗、大公无私、严守纪律、服从调动、爱厂如家，工会干部自己就必须在所有这些方面都成为模范。工会要自觉接受党的领导，依照党的全局工作来布置自己的工作。

江泽民同志指出，我们党所领导的改革开放和社会主义现代化建设的全部活动与整个进程，都必须全心全意依靠工人阶级，这是我们党必须坚持的基本政治原则。全心全意依靠工人阶级，要在政治上保证、制度上落实、素质上提高、权益上维护。保障工人阶级和广大劳动群众的经济、政治和文化权益，是党和国家一切工作的根本基点。工会要在党的统一领导下进行工作，同时要有相对的独立性，真正代表工人群众的利益，依法维护工人群众的合法权益。工会要成为工人群众参政议政的一个很好的渠道，成为有领导、有组织、有纪律的发扬社会主义民主的渠道。工会要积极探索有中国特色社会主义工会工作的新路子，努力开创工会工作的新局面。

胡锦涛同志指出，在当代中国，工人阶级和广大劳动群众始终是推动我国经济社会发展、维护社会安定团结的根本力量。实现我们确定的宏伟目标，必须高度重视和充分发挥我国工人阶级和广大劳动群众的主力军作用。工会要适应新形势新任务，紧紧围绕党和国家工作大局，全面履行各项职能，扩大工作覆盖面，增强组织凝聚力，诚心诚意为广大职工群众服务，主动维护广大职工包括农民工合法权益，充分发挥组织职工、引导职工、服务职工、维护职工合法权益的重要作用。

第二节　发展过程

党的十八大以来，习近平总书记着眼巩固党长期执政的阶级基础和群众基础，高度重视和大力推进党的工运事业和工会工作，多次就工人阶级和工会工作发表重要讲话、作出重要指示批示。

一、党的十八大至党的十九大期间

2013 年 4 月 28 日，习近平总书记亲临全国总工会机关，与全国劳模代表亲切座谈，强调必须大力弘扬劳模精神、发挥劳模作用。2013 年 10 月 23 日，同全国总工会第十六届领导班子成员集体谈话。2014 年 4 月 30 日，在乌鲁木齐接见劳动模范和先进工作者、先进人物代表，首次提出“劳动精神”。2014 年 9 月 8 日，在全国总工会党组《关于落实习总书记重要指示加强基层工会建设调研情况的报告》上作出重要批示，提出“着力扩大覆盖面、增强代表性，着力强化服务意识、提高维权能力，着力加强队伍建设，提升保障水平”。2015 年 4 月 28 日，在庆祝“五一”国际劳动节暨表彰全国劳动模范和先进工作者大会上发表重要讲话。2015 年 7 月 6 日，出席中央党的群团工作会议，提出群团工作和群团组织要保持和增强政治性、先进性、群众性。2015 年 11 月 9 日，主持召开中央全面深化改革领导小组第十八次会议，审议通过《全国总工会改革试点方案》。2016 年 4 月 26 日，在知识分子、劳动模范、青年代表座谈会上发表重要讲话，首次提出“工匠精神”。2017 年 2 月 6 日，主持召开中央全面深化改革领导小组第三十二次会议，审议通过《中共中央 国务院新时期产业工人队伍建设改革方案》《关于全国总工会改革试点工作总结报告》。2017 年 8 月 22 日，就群团工作和群团改革作出重要指示。2017 年 10 月 18 日，在党的十九大报告中就工人阶级和工会工作作出重要论述。

二、党的十九大至党的二十大期间

2018 年 4 月 30 日，习近平总书记给中国劳动关系学院劳模本科班学员回信。2018 年 10 月 29 日，同全国总工会第十七届领导班子成员集体谈话。2020 年 4 月 30 日，给郑州圆方集团全体职工回信。2020 年 11 月 24 日，在全国劳动模范和先进工作者表彰大会上发表重要讲话。2020 年 12 月 10 日，致信祝贺首届全国职业技能大赛举办。2021 年 4 月，对职业教育工作作出重要指示。2021 年“五一”国际劳动节前夕，向全国广大劳动群众致以节日的祝贺和诚挚的慰问。2022 年 4 月 27 日，向首届大国工匠创新交流大会致贺信。2022 年 10 月 2 日，给山东省地矿局第六地质大队全体地质工作者回信。2022 年 10 月 16 日，在党的二十大报告中就工人阶级和工会工作作出重要论述。

三、党的二十大以来

2022 年 11 月 12 日，习近平总书记给中国航空工业集团沈飞“罗阳青年突击队”队员们回信。2023 年“五一”国际劳动节前夕，向全国广大劳动群众致以节日的祝贺和诚挚的慰问。2023 年 9 月 1 日，给中国航发黎明发动机装配厂“李志强班”职工回信。2023 年 10 月 23 日，同全国总工会第十八届领导班子成员集体谈话。2024 年“五一”国际劳动节前夕，向全国广大劳动群众致以节日的祝贺和诚挚的慰问。2024 年 9 月 27 日，给中国一重产业工人代表回信。2025 年 4 月 28 日，在庆祝中华全国总工会成立 100 周年暨全国劳动模范和先进工作者表彰大会上发表重要讲话。

第三节　主要内容

习近平总书记关于工人阶级和工会工作的重要论述，系统阐明了新时代党的工运事业和工会工作的地位作用、工运主题、发展道路、目标任务、根本保证，深刻回答了新时代为什么要全心全意依靠工人阶级、怎样全心全意依靠工人阶级，建设什么样的工会、怎样建设工会等方向性、根本性、战略性重大问题，是对党领导工运事业丰富实践和宝贵经验提炼升华的重大成果，把我们党对工人运动和工会工作的规律性认识提升到一个新高度。2023 年 9 月，经党中央批准，中央党史和文献研究院编辑的《习近平关于工人阶级和工会工作论述摘编》公开出版发行，分 8 个专题收录习近平总书记相关重要论述。

一、始终坚持党对工运事业和工会工作的领导

习近平总书记指出，政治性是群团组织的灵魂，是第一位的。保持和增强党的群团工作的政治性，关键是群团组织必须自觉坚持中国共产党的领导。我国工运事业是在党的领导下发展起来的，是党的事业的重要组成部分，工会工作是党治国理政的一项经常性、基础性工作。在坚持党的领导这个根本问题上，工会必须旗帜鲜明、立场坚定，全国总工会更要带好头、站好位，决不能含糊。坚持党的领导必须全面地、有效地贯彻落实到工会工作全过程和各方面。要牢记“国之大者”，找准工会工作与党的中心任务的结合点、切入点、着力点，推动党中央决策部署在工会系统落实落地。100 年来党的工运事业理

论创新和实践发展的最重要成果，就是形成了中国特色社会主义工会发展道路，这是党领导工运事业和工会工作宝贵经验的深刻总结，必须长期坚持，努力使这条道路越走越宽广。各级党委要加强和改进对工会工作的领导，为工会履行职责、发挥作用不断创造有利条件。

二、始终坚持全心全意依靠工人阶级的根本方针

习近平总书记指出，工人阶级是中国共产党最坚实最可靠的阶级基础，是我们社会主义国家的领导阶级，是先进生产力和生产关系的代表，是坚持和发展中国特色社会主义的主力军。坚持全心全意依靠工人阶级，充分发挥工人阶级主力军作用，把广大职工群众紧紧团结在党和政府周围，这是我们党的一个突出政治优势，也是中国特色社会主义的一个鲜明特点。不论时代条件和社会群体怎样发展变化，我国工人阶级的地位和作用不容动摇，全心全意依靠工人阶级的根本方针不容动摇，我国工会的性质和职能不容动摇。全心全意依靠工人阶级不能只当口号喊、标签贴，各级党委和政府要把全心全意依靠工人阶级的根本方针贯彻到经济、政治、文化、社会、生态文明建设以及党的建设各方面，落实到党和国家政策制定、推进工作全过程，体现到企业生产经营各环节。

三、牢牢把握我国工运时代主题

习近平总书记指出，中华全国总工会成立以来的 100 年，是马克思主义工运理论同中国工人运动具体实际相结合的 100 年，是我国工人阶级和工会组织矢志不渝跟党走、为实现中华民族伟大复兴团结奋斗的 100 年。党的二十大明确了以中国式现代化全面推进强国建设、民族复兴伟业的中心任务。这一中心任务，就是我国工人运动的时代主题。工会要聚焦推动高质量发展，动员激励广大职工和劳动群众建功立业、创新创造。我国广大职工要牢牢把握时代主题，把自身前途命运同国家和民族前途命运紧紧联系在一起，把个人梦同中国

梦紧密联系在一起，把实现党和国家确立的发展目标变成自己的自觉行动，爱岗敬业、争创一流，以不懈奋斗书写新时代华章，共同创造幸福生活和美好未来。

四、全面加强对职工群众的思想政治引领

习近平总书记指出，引导职工群众听党话、跟党走，巩固党长期执政的阶级基础和群众基础是工会组织的政治责任。工会要加强思想政治引领，做好职工思想政治工作，丰富内容形式，把“大学习”的课堂搬到工厂车间、生产一线、发展前沿，面对面做思想政治工作。要坚持以社会主义核心价值观引领职工，打造健康文明、昂扬向上、全员参与的职工文化。要提高针对性实效性，采取职工喜闻乐见、寓教于乐的形式和对路管用的方法，达到统一思想、提高认识的目的。要把网上工作作为工会联系职工、服务职工的重要平台，走好网上群众路线。要增强政治敏锐性和政治鉴别力，高度重视和防范敌对势力在劳工领域的渗透破坏活动，维护职工队伍和谐稳定，把广大职工更加紧密团结在党的周围。

五、努力建设高素质劳动大军

习近平总书记指出，面对日趋激烈的国际竞争，一个国家发展能否抢占先机、赢得主动，越来越取决于国民素质特别是广大劳动者素质。顺应新一轮科技革命和产业变革，全面提升劳动者素质，是中国工人阶级作为“最进步的阶级”始终走在时代前列的必然要求。要实施职工素质建设工程，引导广大劳动者终身学习、不断提高自身素质，努力建设一支知识型、技能型、创新型的劳动者大军。要完善现代职业教育制度，统筹职业教育、高等教育、继续教育，推进职普融通、产教融合、科教融汇，为劳动者成长创造良好条件。要围绕深入实施科教兴国战略、人才强国战略、创新驱动发展战略，深化产业工人队伍建设改革，造就一支有理想守信念、懂技术会创新、敢担当讲奉献的宏大产业

工人队伍，培养造就更多大国工匠和高技能人才。要深入开展各类劳动和技能竞赛，壮大技术工人队伍，提高技能人才待遇水平，激励更多劳动者特别是青年人走技能成才、技能报国之路。

六、大力弘扬劳模精神、劳动精神、工匠精神

习近平总书记指出，在长期实践中，我们培育形成了爱岗敬业、争创一流、艰苦奋斗、勇于创新、淡泊名利、甘于奉献的劳模精神，崇尚劳动、热爱劳动、辛勤劳动、诚实劳动的劳动精神，执着专注、精益求精、一丝不苟、追求卓越的工匠精神。劳模精神、劳动精神、工匠精神是以爱国主义为核心的民族精神和以改革创新为核心的时代精神的生动体现，是社会主义核心价值观的生动体现，是鼓舞全党全国各族人民风雨无阻、勇敢前进的强大精神力量。全社会要崇尚劳动、见贤思齐，加大对劳动模范和先进工作者的宣传力度，弘扬劳动最光荣、劳动最崇高、劳动最伟大、劳动最美丽的社会风尚。工会要激励广大职工在辛勤劳动、诚实劳动、创造性劳动中成就梦想，协同各个方面为劳动模范、大国工匠发挥示范引领作用搭建平台、提供舞台，为劳模、工匠传承技能、传承精神创造条件，培养造就更多劳动模范、大国工匠。

七、切实实现好、维护好、发展好工人阶级和广大劳动群众合法权益

习近平总书记指出，全心全意为工人阶级和广大劳动群众谋利益，是我国社会主义制度的根本要求，是党和国家的神圣职责，也是发挥我国工人阶级和广大劳动群众主力军作用最重要最基础的工作。要坚持以人民为中心的发展思想，着眼推进共同富裕，创造更加良好的就业和劳动条件，推进高质量就业，有序提高劳动、技能、知识、创新等要素在收入分配中的权重，不断增强广大职工和劳动群众的获得感幸福感安全感，稳步增进广大职工和劳动群众福祉。工会作为职工利益的代表者和维护者，要坚持以职工为中心的工作导向，把服

务职工、维护职工合法权益的大旗牢牢掌握在手中，认真履行维护职工合法权益、竭诚服务职工群众的基本职责，做到哪里的职工合法权益受到侵害，哪里的工会就要站出来说话。要适应新技术新业态新模式的迅猛发展，采取多种手段，维护好快递员、网约工、货车司机等就业群体的合法权益。要建立健全困难群众帮扶工作机制，把党和政府的关怀送到困难群众心坎上。

八、深入推进工会改革创新

习近平总书记指出，时代在发展，事业在创新，工会工作也要发展、也要创新。深化工会改革和建设，要牢牢把握增强政治性、先进性、群众性的改革方向，在建机制、强功能、增实效上下功夫，构建联系广泛、服务职工的工会工作体系。政治性是群团组织的灵魂，先进性是重要着力点，群众性是群团组织的根本特点。要顺应时代要求、适应社会变化，善于创造科学有效的工作方法，让职工群众真正感受到工会是职工之家，工会干部是最可信赖的娘家人。要牢固树立大抓基层的鲜明导向，坚持眼睛向下、面向基层，把力量和资源向基层倾斜投放，夯实基层基础，激发基层活力，不断增强基层工会的引领力、组织力、服务力。要践行党的群众路线，坚持从群众需要出发开展工作，创新工作方式，努力为职工群众提供精准、贴心的服务。要加强对工会干部的教育、管理、监督，完善联系职工群众的制度机制，深入基层一线，加强调查研究，坚决防止“四风”特别是形式主义、官僚主义。

新时代新征程，各级工会把学习贯彻习近平总书记关于工人阶级和工会工作的重要论述作为重大政治任务，不断在全面学习、全面把握、全面落实上下功夫，切实做到学思用贯通、知信行统一，奋力书写工运事业更加壮丽的时代篇章。

第三章　职工和工会会员

职工是指在中国境内的企业、事业单位、机关、社会组织（统称用人单位）中以工资收入为主要生活来源，与用人单位依法形成劳动关系或聘任关系，以及存在事实劳动关系或聘任关系的劳动者。工会会员是指以工资收入为主要生活来源，自愿加入工会组织、承认工会章程、享有会员权利、履行会员义务的劳动者。本章包括职工及工会会员两部分内容。

第一节　职工

一、旧民主主义革命时期

（一）来源构成

鸦片战争后，近代中国工人阶级最早诞生于外国资本经营的企业之中，随后又在中国早期官僚资本和民族资本开办的企业里逐渐出现。这些工人大多出身于破产的农民，也有部分来自破产的手工业者和城市贫民等。

（二）主要特点

1. 革命性。近代中国工人阶级遭受来自帝国主义、封建主义和官僚资本主义的三重压迫，这种严峻的处境使得他们具有强烈的革命意识。

2. 集中性。尽管近代中国工人阶级的人数不多，但主要集中于大城市和特定行业中，这有利于他们形成阶级力量和接受先进思想。

3. 与农民的天然联系。近代中国工人阶级主要来源于破产的农民，以及破产的手工业者，与农民有着天然的血肉联系，便于结成工农联盟。

二、新民主主义革命时期

（一）规模

1919 年前后，中国工人总数在 200 万人左右。1949 年新中国成立前夕，据估算，全国工人（含产业工人、手工业者等）为 800 万—1000 万人。

（二）分布

1. 所有制分布。这一时期中国处于半殖民地半封建社会，经济结构复杂，工人按就业的所有制分布可分为：外资企业工人、官僚资本企业工人、民族资本企业工人、根据地公营企业工人、手工业作坊雇工。

2. 行业分布。纺织行业工人占比较大；机器工业薄弱，工人多从事修配；手工业工人规模庞大，是重要组成部分；交通运输等行业也有一定数量工人。

3. 地域分布。工人主要分布于沿海大城市，上海是全国工人最密集的城市。全面抗日战争爆发后，不少工厂内迁，重庆、昆明等西南地区出现工业集聚。

4. 受教育程度。工人的受教育程度整体极低，绝大多数工人仅具备极基础的文化水平甚至处于文盲状态。

（三）特点

中国工人阶级逐渐由自在阶级转变为自为阶级，其政治觉悟和阶级意识不断增强。在中国共产党的领导下，工人运动蓬勃发展，工人阶级成为中国革命的主力军。

三、社会主义革命和建设时期

（一）规模

新中国成立后，随着国家工业化进程的加速推进，职工队伍不断壮大。到

1978 年，我国职工总数为 9499 万人。

（二）分布

1. 所有制分布。随着社会主义改造的完成，经济体制转变为单一公有制和计划经济，职工集中在城镇的国营和集体所有制企业、党政机关及学校、医院、科研单位等单位中。

2. 产业分布。我国实行重工业优先发展战略，第二产业就业人员增长迅猛，工业企业职工占主导地位；第一产业就业人员以国营农场、林场和农村中为农业服务的国营、合作社单位从业者为主，绝对数量有所增加，但因第二产业增速更快，占比相对下降；第三产业发展相对滞后；而党政机关和文教卫生事业单位的职工增速也相对较快。

3. 地域分布。东北和沿海地区的城市的职工比重大，但随着“一五”计划以后工业生产力布局向内地倾斜，特别是 20 世纪 60—70 年代的“三线建设”，职工分布开始呈现区域均衡发展趋势。与此同时，县域“五小工业”的发展形成大量亦工亦农群体；边疆矿产和耕地资源丰富的地区，也形成了大批农垦和矿工队伍。

4. 受教育程度。这一时期职工虽然总体上受教育程度相对较低，大部分职工只有初中及以下文化程度，但是大量企业进行扫盲和兴办职工夜校，以及实行学徒制，使得职工文化水平实际上高于就业前的受教育水平。

（三）特点

工人阶级成为国家的领导阶级，政治地位显著提高，成为国家政权的重要支柱，具有较高的政治觉悟和较强的组织性、纪律性，能够迅速响应党的号召，充分发挥工人阶级的主力军作用，为社会主义建设作出重要贡献。

四、改革开放和社会主义现代化建设新时期

（一）规模

职工人数迅速增长。1989 年，全国共有职工 13740 万人。2002 年底，全

国职工总数突破2亿人。2011年底，全国职工总数达3.21亿人。

（二）分布

1. 所有制分布。随着多种经济成分的迅速发展和市场经济体制的确立，公有制企业职工占比大幅下降；非公有制企业职工从无到有快速增长，2012年在城镇就业总量中占比超80%；混合所有制企业职工不断增长，成为所有制分布多元化的重要体现。

2. 产业分布。第一产业就业人员占比持续下降；第二产业就业人员先增后稳；第三产业就业人员发展迅速，1994年超过第二产业，2011年超过第一产业，成为我国吸纳就业最多的产业。一二三产业就业人员的比重为34.8∶29.5∶35.7。

3. 地域分布。沿海地区二三产业发达，成为职工高密度区；东北、中西部职工人数增长较慢。改革开放初期，大量非农就业职工集中在乡镇企业；20世纪90年代后，出现大量农民工。进入新世纪以后，随着大部分城镇户籍放开，城市化步伐大大加快。

4. 受教育程度。这一时期职工受教育水平不断提高，1995年后高校普遍大规模扩招，2012年城镇职工大专以上学历占比为20%—25%。

（三）特点

1. 规模快速扩张与就业市场化。就业机制从计划经济“统包统配”向市场主导的劳动合同制转变，劳务派遣、非全日制用工等形式普及，灵活就业人员占比增加。

2. 分布多元化与群体分化。农民工群体崛起，成为制造业、建筑业和服务业基层岗位的主力。

3. 权益保障逐步完善。社会保障体系建立，城镇职工养老保险、工伤保险等制度逐步覆盖，城镇职工社保参保率大幅提高。

五、中国特色社会主义新时代

（一）规模

根据2022年全国总工会开展的第九次中国职工状况调查，职工总数约4.02亿人。新就业形态劳动者中部分成员成为职工队伍的组成部分，根据《中国共享经济发展报告（2021）》，2020年我国共享经济参与者约为8.3亿人，其中服务提供者约为8400万人。根据交通运输部、国家邮政局等政府主管部门及相关平台、协会提供的数据，2024年全国有货车司机约3800万人，网约车司机约359.5万人，快递员约400万人，外卖配送员约700万人（日活约200万人）。

（二）分布

1. 所有制分布。国有企业职工在关键领域保持主体地位；民营企业成吸纳就业主力，职工规模持续扩大；混合所有制企业职工占比稳步上升；外资企业职工基本保持稳定；平台经济等新业态催生灵活就业群体，其中一部分成为职工队伍新成员。

2. 产业分布。一二三产业从业人员占比从2017年的27.0∶28.1∶44.9调整为2024年的22.2∶29.0∶48.8，第一产业就业人员占比连续下降，第二产业就业人员占比变化较小，第三产业就业人员占比连续增长。

3. 地域分布。东部地区仍是就业重心但增速放缓，中西部中心城市崛起，农民工返乡或就近就业增多，区域发展更趋均衡，形成多中心就业格局。

4. 受教育程度。职工平均受教育年限为13.8年。其中女职工平均受教育年限为14.0年，比男职工高0.5年。大学本科及以上学历职工占35.5%。

（三）特点

1. 职工规模不断壮大。随着新技术、新业态、新模式的不断涌现，吸引了大量劳动力，新就业形态劳动者持续增加。

2. 职工素质逐步提升。党的十八大以来，职工思想政治素质、技术技能水平实现较大提升，高技能人才数量逐渐增多。

3. 就业形式多样化。网络主播、直播带货、外卖快递、网约车等新兴职业拓宽了就业渠道，成为就业增长的重要源泉。

4. 职工思想观念多元化。职工思想更加开放、活跃，价值取向和利益诉求呈现多样化。

第二节 工会会员

一、入会条件

《中国工会章程》第一条规定：凡在中国境内的企业、事业单位、机关、社会组织中，以工资收入为主要生活来源或者与用人单位建立劳动关系的劳动者，不分民族、种族、性别、职业、宗教信仰、教育程度，承认工会章程，都可以加入工会为会员。工会适应企业组织形式、职工队伍结构、劳动关系、就业形态等方面的发展变化，依法维护劳动者参加和组织工会的权利。

二、入会转会与会籍管理

入会程序：由本人通过口头（书面）形式或通过手机 APP、微信小程序等网上入会渠道提出申请，填写《中华全国总工会入会申请书》和《工会会员登记表》，经基层工会审核批准，即为中华全国总工会会员，发给《中华全国总工会会员证》，享有会员权利，履行会员义务。工会会员卡也可以作为会员身份凭证。

转会程序：会员劳动（工作）关系发生变化后，由调出单位工会填写会员证“工会组织关系接转”栏目中有关内容，会员的《工会会员登记表》随个人档案一并移交。会员以会员证或会员卡等证明其工会会员身份，新的用人单位工会应予以接转登记。也可由本人通过手机 APP、微信小程序、微信公众号等网络渠道提出转会申请，调出单位和调入单位工会进行线上审核，办理相关转会审批手续。

工会会员会籍是工会会员资格，是劳动者履行入会手续后工会组织确认其为工会会员的依据。工会会员会籍随劳动（工作）关系流动而变动，会员劳动（工作）关系在哪里，会籍就在哪里，实行一次入会、动态接转。

三、会员规模、比例

工会会员是工会组织的主体，是工会组织赖以存在的基础。截至 2024 年底，全国工会会员总数 25564 万人。其中女会员 10141.9 万人，占 39.7%；农民工会员 9219.7 万人，占 36.1%；新就业形态劳动者会员 1831 万人，占 7.2%。

全国工会会员中，企业会员 14762.2 万人，占 57.7%；事业单位会员 3712 万人，占 14.5%；机关会员 2048.1 万人，占 8%；社会组织会员 845 万人，占 3.3%；其他工会会员 4196.7 万人，占 16.4%。

企业工会会员中，公有制企业会员 5401.2 万人，占 36.6%；非公有制企业会员 9361.3 万人，占 63.4%。

第四章　工会组织建设

中国工会是一个横向到边、纵向到底、纵横交织、覆盖广泛的团结统一的组织体系，可以概括为“两大系统、五大层级”，两大系统即产业工会和地方工会两套组织系统条块结合，五大层级即中华全国总工会、省级总工会、地市级总工会、县级总工会、基层工会五级组织上下贯通。工会组织建设是工会开展各项工作的重要基础和组织保证，既包括组织原则、组织制度的确立等宏观方面工作，也包括各级工会领导班子和工会工作者队伍建设等具体工作。本章包括工会组织原则、组织制度和工会工作者队伍等方面内容。

第一节　组织原则、组织制度

一、组织原则

（一）全国建立统一的中华全国总工会

中华全国总工会是中国境内唯一合法的工会组织，是各级各类工会组织的最高领导机关，负责领导全国工会工作；在中国境内建立的各级各类工会组织，都是中华全国总工会的下级或基层组织。

（二）实行同级党组织和上级工会双重领导，以同级党组织领导为主的原则

工会工作中的重大问题应当及时向党组织汇报，提请党组织研究决定，同

时接受上级工会领导。

（三）民主集中制原则

个人服从组织，少数服从多数，下级组织服从上级组织；工会的各级领导机关，除它们派出的代表机关外，都由民主选举产生；工会各级委员会，向同级会员大会或者会员代表大会负责并报告工作，接受会员监督等。

（四）产业和地方相结合的组织领导原则

同一企业、事业单位、机关、社会组织中的会员，组织在一个基层工会组织中；同一行业或者性质相近的几个行业，根据需要建立全国的或者地方的产业工会组织。除少数行政管理体制实行垂直管理的产业，其产业工会实行产业工会和地方工会双重领导，以产业工会领导为主外，其他产业工会均实行以地方工会领导为主，同时接受上级产业工会领导的体制。产业和地方相结合的原则即“条块结合、以块为主”，地方工会为“块块”，产业工会为“条条”，基层工会主要接受地方工会即“块块”的领导。

二、组织制度

（一）会员大会或会员代表大会制度

各级工会代表大会或会员大会，是同级工会的最高领导机关，是讨论、决定工会重大事项和选举工会领导机构的权力机关。工会全国代表大会和地方工会代表大会每 5 年召开一次。基层工会会员大会或会员代表大会，一般每年至少召开一次。会员大会或会员代表大会选举产生的工会委员会，每届任期 3 年或者 5 年，具体任期由会员大会或会员代表大会决定。

（二）基层工会会员代表大会代表常任制

基层工会会员代表大会的代表在规定的任期内，始终具有代表资格、履行代表权利和义务。会员代表的任期与基层工会代表大会届期一致，可以连选连任。

（三）民主选举制度

工会各级代表大会的代表和工会委员会均实行民主选举。工会民主选举的方式分为两类：按照人数要求分为差额选举和等额选举；按照选举程序分为直接选举和间接选举。

（四）联合制、代表制

全国产业工会、各级地方产业工会、乡镇工会、城市街道工会以及区域性、行业性工会联合会的委员会，可以按照联合制、代表制原则，由下一级工会组织民主选举的主要负责人和适当比例的有关方面代表组成。

（五）委员替补制

中华全国总工会执行委员会委员、经费审查委员会委员和产业工会全国委员会委员实行替补制，各级地方总工会委员会委员、经费审查委员会委员和地方产业工会委员会委员以及独立管理经费的产业工会经费审查委员会委员，也可以实行替补制。

第二节　中华全国总工会

一、组织架构及职权

中华全国总工会是工会的全国代表大会和它所产生的中华全国总工会执行委员会的工作机构，是各级地方总工会和各产业工会全国组织的领导机关，负责领导全国工运事业，指导全国工会工作，并在国际交往活动中代表中国工会组织。中共中央在中华全国总工会设立党组。

（一）工会的全国组织

1. 中国工会全国代表大会。1953 年中国工会第七次全国代表大会之前，大会的名称为全国劳动大会。中国工会全国代表大会每 5 年举行一次，由中华全国总工会执行委员会召集。中国工会全国代表大会的职权：审议和批准中华全国总工会执行委员会的工作报告、中华全国总工会执行委员会的经费收支情况报告和经费审查委员会的工作报告；修改中国工会章程；选举中华全国总工会执行委员会和经费审查委员会。

2. 中华全国总工会执行委员会。由中国工会全国代表大会选举产生，在全国代表大会闭会期间，负责贯彻执行全国代表大会的决议，领导全国工会工作。执行委员会全体会议由主席团召集，每年至少举行一次会议。

3. 中华全国总工会执行委员会主席团及主席会议。中华全国总工会执行委员会主席团，由中华全国总工会执行委员会选举产生，由主席 1 人、副主席若干人、主席团委员若干人组成。在执行委员会全体会议闭会期间，由主席团行使执行委员会的职权。主席团会议由主席负责召集，一般每半年举行一次，根据工作需要由主席提议可以提前或延期召开。主席团闭会期间，由主席、副主席组成的主席会议行使主席团职权。主席会议由中华全国总工会主席召集并主持，一般每季度召开一次。

4. 中华全国总工会书记处。中华全国总工会执行委员会主席团下设书记处（简称全总书记处），由执行委员会主席团在主席团成员中推选第一书记 1 人、书记若干人组成。书记处在主席团领导下，主持中华全国总工会的日常工作。书记处的任期，与中国工会全国代表大会届期相同，每届任期 5 年。

5. 中华全国总工会经费审查委员会。中华全国总工会经费审查委员会由中国工会全国代表大会选举产生，每届任期 5 年，每年召开一次会议；设常务委员会，由主任 1 人、副主任 1 人、常务委员若干人组成，其办事机构是中华全国总工会经费审查委员会办公室。

6. 中华全国总工会女职工委员会。中华全国总工会女职工委员会是中华全国总工会领导下的具有民主性、代表性的全国女职工组织，每届任期 5 年，每年至少召开一次常务委员会会议和委员全体会议；由主任 1 人，副主任、委员及顾问若干人组成，是中华全国妇女联合会的团体会员，办公室设在中华全国总工会女职工部。

（二）中共中华全国总工会党组

中共中华全国总工会党组（简称全国总工会党组或全总党组）是中共中央在中华全国总工会机关设立的领导机构，发挥把方向、管大局、保落实的领导作用。全总党组讨论和决定以下重大问题：贯彻落实习近平总书记重要指示批示精神和党中央决策部署的重大举措；参与制定拟定法律法规规章和重要规范性文件中的重大事项；制定拟定工会规章制度和重要规范性文件中的重大事项；工会工作发展规划、重大部署、重大事项和中华全国总工会年度工作安排；重大改革事项；重要人事任免等事项；重大项目安排；大额资金使用、大额资产处置、预算安排；职能配置、机构设置、人员编制事项；审计、巡视、监督检查、考核奖惩等重大事项；意识形态领域的重大事项；党的建设方面的重大事项以及其他重大问题。党组书记主持党组全面工作，负责召集和主持党组会议，签发党组文件和以全总党组名义报送党中央的文件。全总党组按照集体领导、民主集中、个别酝酿、会议决定的原则作出决策。

二、机构设置

中华全国总工会机关的内设机构和行政编制由中央机构编制委员会办公室批复确定。目前，中华全国总工会机关设有办公厅、组织部、宣传教育部、研究室、权益保障部、劳动和经济工作部、基层工作部、网络工作部、社会联络部、法律工作部、女职工部、财务部、国际联络部、全国总工会经费审查委员会办公室等 14 个职能部门，中国教科文卫体工会、中国海员建设工会、中国能源化学地质工会、中国机械冶金建材工会、中国国防邮电工会、中国财贸轻纺烟草工会、中国农林水利气象工会全国委员会等 7 个驻会全国产业工会全国委员会，以及机关党委，另设机关离退休干部局。全国总工会直属单位中，事业单位 18 个、企业 4 个、社会组织 2 个。

中华全国铁路总工会、中国民航工会全国委员会、中国金融工会全国委员会设在对应的政府部门或相关机构中。

中央和国家机关工会联合会成立于2019年，是按照联合制、代表制原则组成的具有产业工会性质的一级工会组织，是中央和国家机关各部门机关工会的上级领导机关，设在中央和国家机关工委。其前身为成立于1991年的原中央国家机关工会联合会和成立于1993年的原中央直属机关工会联合会。

第三节　地方工会

一、含义、职能定位、设置原则

地方工会是全国总工会和基层工会之间重要的中间环节，承担贯彻落实我国工运方针和全国总工会各项决策部署、指导基层工会开展工作的重要任务。工会的地方领导机关，是工会的地方各级代表大会和它所产生的总工会委员会。省、自治区、直辖市，设区的市和自治州，县（旗）、自治县、不设区的市和市辖区建立地方总工会。

新疆生产建设兵团设总工会，以新疆生产建设兵团党委领导为主，同时接受新疆维吾尔自治区总工会的领导。

二、组织架构及职权

（一）地方工会代表大会

地方工会代表大会由同级总工会委员会召集，每5年举行一次，其职权如下：审议和批准同级总工会委员会的工作报告、经费收支情况报告和经费审查委员会的工作报告；选举同级总工会委员会和经费审查委员会。

（二）地方总工会委员会

地方工会代表大会选举产生的地方总工会委员会，是当地地方工会和产业工会地方组织的领导机关，每届任期 5 年。各级地方总工会委员会全体会议，每年至少举行一次，由常务委员会召集。

（三）地方总工会常务委员会及主席办公会

各级地方总工会常务委员会在同级总工会委员会闭会期间，行使委员会的职权。各级地方总工会委员会选举主席 1 人、副主席和常务委员若干人，组成常务委员会，每届任期 5 年。常务委员会会议一般每季度召开一次。在地方总工会常务委员会闭会期间，由地方总工会主席办公会行使常务委员会职权，可以定期或由主席提议随时召开主席办公会。

（四）工会办事处和工会工作委员会

工会办事处一般是在地区设立。工会工作委员会一般由上一级工会在下一级组织设立。办事处和工作委员会都是上级工会的派出机关，按照上级工会的要求，代表上级工会行使职权。

（五）地方工会经费审查委员会

地方工会经费审查委员会由地方工会代表大会选举产生，每届任期 5 年。省级地方总工会经费审查委员会，应当设常务委员会，由同级经费审查委员会选举主任 1 人、副主任 1 人、常务委员若干人。

（六）地方工会女职工委员会

各级地方总工会女职工委员会委员由同级工会委员会提名，在充分协商的基础上组成，在同级工会领导下开展工作，并接受上级工会女职工委员会指导，每届任期 5 年。地方工会女职工委员会由主任 1 人、副主任若干人、委员及顾问若干人组成。

三、机构设置

新中国成立后，各级地方工会的机构设置和编制，基本是按照 1964 年下发的《地方各级工会暂行编制方案》和 1978 年党中央批示的《关于地方各级工会干部编制问题的请示》确定。随着改革开放和社会主义市场经济的发展，各地职工人数大幅度增加，工会组织的任务加重，在同级党委的重视支持下，各级地方工会机构设置和人员编制也随同地方政府机构改革进行了几次调整。

2015 年 7 月中央党的群团工作会议后，在全国总工会改革试点的示范引领下，各级地方总工会按照精简、统一、效能的原则，整合优化工会机关职能和机构设置，增强服务基层和服务职工的能力，进一步聚焦工会法定职责，强化维权服务职能，形成面向基层、职责明确、运转高效的格局，不同程度、不同比例地精简了行政编制或事业编制，并通过“减上补下”充实到任务繁重、力量薄弱的县级工会、乡镇（街道）工会或开发区（产业园区）工会。

第四节　产业工会

一、含义、职能定位、设置原则

产业工会是由同一行业或性质相近的几个行业职工组成的工会组织，是工会组织体系中的重要组成部分，是工会在党和国家工作大局中充分发挥作用的重要组织平台，是产业职工合法权益的代表者和维护者、产业劳动关系的协调者、产业经济持续健康发展的促进者。

产业工会的工作重点：调查研究和反映本产业改革发展重大问题和职工特殊利益问题，参与涉及本产业职工切身利益的法律法规和政策的制定，维护本产业职工合法权益；推动建立科学合理的产业（行业）劳动标准，开展行业工资集体协商，推动建立企业职工工资决定机制、正常增长机制和支付保障机制，构建和谐劳动关系；推动建立健全以职工代表大会为基本形式的企事业单位民主管理制度，推进厂务公开、业务公开，落实职工群众知情权、参与权、表达权、监督权，坚持和完善职工董事制度、职工监事制度；围绕产业经济发展，组织开展具有产业特点的示范性、引领性劳动和技能竞赛、安全生产、“五小”等群众性创新创造活动，积极推荐和评选本产业的先进典型和劳动模范；以社会主义核心价值观为引领，深入实施产业职工素质建设工程，建设知识型、技能型、创新型产业职工队伍，培养产业“大国工匠”，提高产业职工队伍素质；总结经验，推广典型，指导产业所属基层工会工作。

产业工会全国组织和各级地方产业（行业）工会组织分别是中华全国总工会和各级地方总工会的组成部分。同一行业或者性质相近的几个行业，根据需要建立全国的或者地方的产业工会组织。设置产业工会组织，应本着有利于加强党对工会工作的领导，有利于推动产业改革发展，有利于维护产业职工合法权益、服务产业职工的原则，着眼有效扩大工作覆盖面，从实际出发，根据不同区域的经济特征、产业结构调整变化、产业经济和职工集聚程度，灵活合理地进行设置。产业工会全国组织的设置，由全国总工会根据需要确定。铁路、民航、金融实行垂直领导的产业工会地方组织的设置，由相关全国产业工会提出意见，报全国总工会批准。地方产业工会组织的设置，由同级地方总工会根据本地区实际情况确定。

二、全国产业工会沿革与设置

1957 年，中国工会八大确立产业和地区相结合的组织原则，明确部分产业工会由地方工会日常领导。1958 年中央成都会议决议调整工会体制，提出以同级党委领导为主，产业工会保留、合并或取消。1959 年全国总工会据此保留 16 个全国产业工会。1978 年中国工会九大重申产业与地方相结合原则，恢复铁路、邮电等 19 个全国产业工会。此后，全国产业工会数量随着机构改革的推进，经历了多次调整。到 2000 年设置 10 个全国产业工会。

各全国产业工会基本情况表

<table>
<tr><th>全国产业工会名称</th><th>办公地点</th><th>领导体制</th><th>经费管理</th><th>领导机构产生</th></tr>
<tr><td>中华全国铁路总工会</td><td>中国国家铁路集团有限公司</td><td rowspan="3">实行产业工会和地方工会双重领导，以产业工会领导为主</td><td rowspan="3">独立管理工会经费</td><td>由中国铁路工会全国代表大会选举产生</td></tr>
<tr><td>中国民航工会</td><td>中国民用航空局</td><td rowspan="9">按联合制、代表制原则建立产业工会全国委员会</td></tr>
<tr><td>中国金融工会</td><td>国家金融监督管理总局</td></tr>
<tr><td>中国教科文卫体工会</td><td rowspan="7">中华全国总工会</td><td rowspan="7">实行以地方总工会领导为主，同时接受上级产业工会领导</td><td rowspan="7">不管理工会经费</td></tr>
<tr><td>中国海员建设工会</td></tr>
<tr><td>中国能源化学地质工会</td></tr>
<tr><td>中国机械冶金建材工会</td></tr>
<tr><td>中国国防邮电工会</td></tr>
<tr><td>中国财贸轻纺烟草工会</td></tr>
<tr><td>中国农林水利气象工会</td></tr>
</table>

三、地方各级产业工会设置

省级产业工会组织设置。省级总工会根据省（区、市）产业经济发展和产业职工队伍变化实际，建立驻会省级产业工会，也可以依托行政主管部门或骨干企业集团等设立省级产业工会。

市级产业工会组织设置。市级产业工会根据市域产业结构变化，及时调整产业工会设置，重点在产业特征明显、职工集聚度高的产业建立产业工会组织，扩大产业工会覆盖面。在市级总工会的领导下，可以在行业协会组织健全、发育成熟的行业，已经形成以骨干企业为龙头的上下游产业链、企业联系紧密的行业，政府行政约束力强、管理规范的行业开展建立市级行业工会联合会试点工作，并切实加强规范化建设。

县级产业工会组织设置。县级产业工会由县级总工会根据县域产业结构情况设置。在县以下产业经济发展较好、产业职工较多的地方，按照地域相近、行业相同、管理服务便捷的原则，采取联合制、代表制方式，积极推进建立县（区）、乡镇（街道）或工业园区等行业工会联合会，覆盖不同所有制企事业单位和相关社会组织，接长产业工会手臂、延伸工作触角。覆盖的企事业单位工会组织领导关系、经费收缴渠道保持不变。

第五节　基层工会

一、含义、职能定位、设置原则

基层工会是依照《工会法》《中国工会章程》，在企业、事业单位、机关、社会组织等基层单位经过上级工会批准建立的工会组织，包括境内各种类型和规模的企业、事业单位、机关以及社会组织单独或联合建立的工会委员会，乡镇（街道）工会、开发区（产业园区）工会、村（社区）工会以及市、县两级的区域性、行业性工会组织。基层工会是工会组织体系中最基本的组织单位，是整个工会的组织基础和工作基础。

《工会法》规定，在中国境内的企业、事业单位、机关、社会组织中以工资收入为主要生活来源的劳动者，不分民族、种族、性别、职业、宗教信仰、教育程度，都有依法参加和组织工会的权利。任何组织和个人不得阻挠和限制。用人单位有会员 25 人以上的，应当建立基层工会委员会；不足 25 人的，可以单独建立基层工会委员会，也可以由两个以上单位的会员联合建立基层工会委员会，也可以选举组织员或工会主席 1 人，组织会员开展活动。

工会各级组织按照民主集中制原则建立。基层工会建设坚持党的领导，坚持哪里有职工，哪里就要依法建立工会组织，坚持依法建会，坚持依靠职工群众组建工会，坚持报上一级工会批准，坚持属地管理。

二、建立程序、形式和类别

（一）建立程序

1. 建会申请。已建党组织的，由党组织提出工会筹备组的组成人选，向上级工会提出建会申请；未建党组织的，可在上级工会指导下，由职工推选出自己的代表作为工会筹备组人选提出建会申请。或由单位和职工协商，提出工会筹备组人选及建会申请。

2. 组织筹备。工会筹备组经上一级工会审查同意后，即可开展工会筹建工作。主要任务包括：做好宣传发动、配合上级工会发展工会会员、建立工会小组、选举会员代表、组织工会委员会和经费审查委员会候选人推荐以及大会筹备工作等。

3. 大会选举。召开会员（代表）大会，民主选举产生工会委员会、经费审查委员会。女职工会员超过 10 人的，民主选举或推荐产生女职工委员会。

4. 结果报批。选举结果报告由工会筹备组报上一级工会审查批准。上级工会收到选举结果报告后，在 15 日内完成审查并批复。

（二）形式

1. 单独基层工会。单个企业、事业单位、机关、社会组织，经上级工会批准建立的基层工会委员会。

2. 联合基层工会。两个以上企业、事业单位、机关、社会组织，由于各自会员人数少，不能单独建立基层工会委员会，经上级工会批准，就近按地域或行业联合建立的基层工会委员会。

3. 基层工会联合会。两个以上用人单位在各自成立基层工会组织基础上，在一定区域或行业内，按联合制、代表制原则建立的区域性或行业性基层工会组织。

（三）类别

1. 企业工会。工会的重要组织基础和工作基础，在本企业党组织和上级工会的领导下依照法律和工会章程独立自主地开展工作。我国境内的企业和实行企业化管理的事业单位工会，适用《企业工会工作条例》。

2. 事业单位工会。为了社会公益目的，由国家机关举办或者其他社会组织利用国有资产举办的，从事教育、科技、文化、卫生、体育等活动的社会服务组织中依法建立的工会组织。事业单位工会及民办非企业单位（社会服务机构）工会，适用《事业单位工会工作条例》。

3. 机关工会。党的机关、人大机关、行政机关、政协机关、审判机关、检察机关，各民主党派和工商联的机关，以及使用国家行政编制的人民团体和群众团体机关等依法建立的工会组织。机关工会及参照《公务员法》管理的事业单位工会，适用《机关工会工作暂行条例》。

4. 社会组织工会。在社会组织内部，依照《工会法》成立，由该社会组织中的职工（雇员）自愿结合组成的基层工会组织。2021 年，全国总工会、民政部联合印发《关于加强社会组织工会建设的意见（试行）》。

（四）“小三级”工会建设

2004 年全国总工会印发《关于进一步加强基层工会工作的决定》，首次提出乡镇（街道）—社区—企业“小三级”工会。目前“小三级”工会已拓展为由乡镇（街道）、开发区（产业园区）工会，村（社区）、楼宇商圈等区域（行业）工会，企业（社会组织等）工会所构成的县以下三级基层工会组织体系。

1. 乡镇（街道）工会。可建立乡镇（街道）工会委员会，也可建立乡镇（街道）工会联合会。经济发达、企业较集中和职工人数较多的乡镇（街道）可建立总工会。

2. 开发区（产业园区）工会。行使政府管理职能的国家级经济技术开发区、产业园区建立总工会，其他各类开发区（产业园区），可根据实际情况建立总工会或工会联合会。

3. 区域性、行业性工会联合会。一般建立在县（市、区、旗）及以下范围内。城市工会可根据本地区域、行业发展情况，从实际出发，探索在市级建立行业性工会联合会。

三、职工之家建设

（一）由来、特点及基本要求

1983 年 3 月 14 日，中共中央书记处研究召开中国工会十大有关问题时指出，工会要真正成为“职工之家”。全国总工会 1984 年 5 月 1 日作出《关于整顿工会基层组织，开展建设“职工之家”活动的决定》。建设职工之家是加强基层工会建设的本质要求和综合载体，其方向是成为组织健全、维权到位、工作活跃、作用明显、职工信赖的职工之家，具有综合性、广泛性、基础性、长期性的特点，必须坚持服务大局、突出维护、依靠群众、创新发展、齐抓共建，把组建工会、创办职工帮扶服务站、建设职工之家统一起来，推进“会、站、家”一体化建设，为职工提供服务。

各级工会把建设职工之家作为推动工会工作全面发展的长期任务，建立了以“双亮”为前提、“六有”为基准、“双争”为动力、“评家”为手段的制度体系，探索网上职工之家、联合职工之家等建设，开展星级职工之家、示范职工之家等评选活动。2019 年 11 月 28 日，全国模范职工之家现场经验交流会提出全面提升新时代职工之家建设水平 6 个方面重点：加强规范建设、强化思想引领、促进改革发展、落实维权制度、拓展服务载体和开展会员评家。为规范评选表彰，全国总工会办公厅 2020 年 8 月印发《全国模范职工之家、全国模范职工小家、全国优秀工会工作者评选表彰管理办法》，2021 年开始对受表彰全国模范职工之家进行复查。2024 年 9 月，全国总工会印发《关于表彰全国模范职工之家 全国模范职工小家 全国优秀工会工作者的决定》。

（二）“六有”基层工会

2014 年，全国总工会印发《关于新形势下加强基层工会建设的意见》，提出建设“六有”工会：

1. 有依法选举的工会主席，建设心系职工、善于维权、开拓进取的骨干队伍。

2. 有独立健全的组织机构，完善工会委员会、经费审查委员会、女职工委员会等组织。

3. 有服务职工的活动载体，满足职工的多样化需求。

4. 有健全完善的制度机制，实现工会工作的群众化、民主化、制度化、法制化。

5. 有自主管理的工会经费，真正用于服务职工和工会活动。

6. 有会员满意的工作绩效，切实让职工群众感受到工会是“职工之家”。

四、工会法人登记管理

（一）基本情况

工会法人资格是工会作为法人组织具有民事权利能力和民事行为能力，依法独立享有民事权利和承担民事义务的资格。依照《工会法》规定，全国总工会、地方总工会、产业工会从成立之日起即取得社会团体法人资格，无须登记，符合法定条件的基层工会经登记依法取得社会团体法人资格。基层工会法人登记明确了基层工会组织的民事法律主体地位，确认了基层工会组织的法人身份，对基层工会代表职工签订集体合同、协调劳动关系、独立自主地管理使用工会经费财产等，具有重要意义。

（二）管理办法

2020 年 12 月，全国总工会办公厅印发《基层工会法人登记管理办法》，规定全国总工会和县级以上各级地方总工会为基层法人登记管理机关，把企业、事业单位、机关和其他社会组织等基层单位单独或联合建立的工会组织，区域性行业性工会联合会、开发区（工业园区）工会、乡镇（街道）工会、村（社区）工会等纳入工会法人登记范围，基层工会符合条件、经审查合格的，颁发《工会法人资格证书》，赋予统一社会信用代码。《基层工会法人登记管理办法》对工会派出代表机关取得统一社会信用代码作出了规定。

（三）主要分类

基层工会法人登记管理主要有申请登记、变更登记、注销登记等环节。基层工会组织申请法人登记的必备条件是其成立及选举结果经过上一级工会批准，符合《民法典》《工会法》和《中国工会章程》等有关规定。取得工会法人资格的基层工会变更名称、住所、法定代表人等事项的，应当向登记管理机关申请变更登记。工会组织依法撤销的，应当申请注销登记。

五、基层工会工作辅助云

（一）建设基本情况

服务对象聚焦基层工会工作者，兼顾各级工会机关工作人员和工会会员等；应用范围聚焦基层工会经常性重点工作；效果导向聚焦辅助和指导基层工作，提高工作效率；服务内容包括政策指导、工作辅助、流程描述、案例列举等。

（二）主要功能

“智能问答”依托知识库和工会行业大模型，为各类问题呈现思维引导、政策介绍、工作指导。“智能模板”把组织建设、民主管理等基层工会业务工作以可视化流程图和说明窗口加以呈现，方便工会干部理解运用，通过 AI 实现各类业务文档、工作范文等模板内容一键生成，并可按实际需求自定义编辑复用。“知识库”提供工会理论、工会政策文件和业务资料库。“基层工会风采”汇集基层工会工作创新案例、典型经验等。“视频指导”集中展示系列业务工作视频。“业务会议系统”为基层工会在线上规范召开职工代表大会、工会会员代表大会等提供便利。

（三）应用场景

包括建会入会、民主管理、集体协商、职工之家建设、“小三级工会”等。如，“业务会议系统”中的“线上职工代表大会”，属于“民主管理”应用场景，为企事业单位线上召开职工代表大会提供数智化支持，与会人员可以线上签到、审议文件、投票表决和选举等。

第六节　工会工作者队伍

一、含义、构成与要求

工会工作者队伍是在工会组织中从事工会工作的人员，包括工会专职干部、工会兼挂职干部、工会社会工作者及事务性岗位人员等，是推动工会工作发展的重要支撑。其中工会专职干部是各级工会机关工作人员和基层工会专职工会干部，在工会组织中履行领导决策、组织管理、执行实施职责，经民主选举或依照规定程序产生、纳入专职岗位序列，是工会工作的主体力量；工会兼职干部是在完成本职工作的同时兼任工会职务的人员，挂职干部是从其他单位选派到工会机关进行挂职的人员。加强工会工作者队伍建设，要坚持以习近平新时代中国特色社会主义思想为指导，深入贯彻习近平总书记关于工人阶级和工会工作的重要论述，把握新时代党的组织路线，以政治建设为统领，以能力建设为核心，以制度建设为保障，为新时代工会工作高质量发展提供坚强人才支撑。

二、管理监督

（一）选拔任用

坚持党管干部原则，突出政治标准，实行分类选任。专职干部要坚持德才兼备、以德为先，严格按照《党政领导干部选拔任用工作条例》等规定程序选任；领导班子成员要根据干部双重管理的要求，由主管单位征求上级工会意见后，按照《中国工会章程》履行相关民主程序选举产生。兼挂职干部主要从劳动模范、一线职工及热心工会工作的人员中选拔，要充分考虑广泛性、代表性、专业性。

（二）日常管理

建立健全管理监督机制，加强政治监督，履职尽责、担当作为监督，选人用人监督和日常监督。通过工作考核、述职评议等方式，了解工会工作者的工作表现和履职情况。同时加强廉洁教育，引导工会工作者做到廉洁自律。

（三）考核激励

根据不同类型工会工作者特点，制定科学合理的考核标准和激励措施。对于工作表现突出、成绩显著的工会工作者，要及时给予表彰奖励，激发工作积极性和创造性；对于工作不称职或存在违规违纪行为的工会工作者，要按照相关规定进行处理。

三、教育培训

（一）主要内容

提高工会工作者的政治素质、专业能力和工作作风，更好适应新时代要求履职尽责。加强教育培训，健全常态化培训特别是基本培训机制，探索个性化、体系化培训。强化实践锻炼，健全常态化长效化基层蹲点工作机制，有计划地在急难险重岗位培养锻炼工会工作者，增强服务职工群众本领。完善新入职工会工作者培养机制，实施“传帮带”，持续跟踪培养成效。

（二）组织实施

实行分级负责制，全国总工会负责规划指导，各级工会具体实施，确保培训培养工作全覆盖。

（三）资源建设

建设高素质工会干部教育师资队伍，提高培训质量。加强培训教材建设，确保教材的科学性、系统性和实用性。加强培训阵地建设，提升工会干部院校设施条件，为工会工作者培训培养提供良好保障。

四、工会社会工作者

（一）含义、职责

地方工会通过社会公开招聘，定岗在乡镇（街道）、开发区（产业园区）、村（社区）工会和区域性、行业性工会联合会等基层工会的专职从事工会工作的合同制人员，主要负责组建工会和发展会员，指导基层工会加强规范化建设，做好思想引领、建功立业、维权服务等工作。

按照全国总工会2024年10月印发的《工会社会工作者管理办法（试行）》，工会社会工作者队伍实行统一领导、分级管理。全国总工会主要负责整体谋划和政策指导。省级总工会主要负责统筹制定规划计划，设定岗位等级和薪酬标准，落实经费等。地市级和县级总工会主要做好招聘录用、培训培养、考核奖惩等日常管理工作。

（二）招聘

工会社会工作者的招聘，坚持公开公正、竞争择优，实行凡进必考、凡讲必审制度。根据服务对象的规模，制定工会社会工作者队伍发展规划，定期发布年度录用计划。原则上按每2000名服务对象，配备1名工会社会工作者。按《劳动合同法》相关规定，与工会社会工作者签订劳动合同。

（三）培训与考核

工会社会工作者纳入工会干部培训范围，新聘用的，须岗前培训合格后方可上岗。采取轮岗交流、实践锻炼、技能竞赛等多种方式，提升工会社会工作者能力水平。建立健全工会社会工作者考核机制，将考核结果作为工会社会工作者调整岗位等级、奖励惩戒、续聘解聘的重要依据。

第五章　工会理论研究

工会理论研究是以工会组织、工人运动、劳动关系等为重点，探讨工会职能发挥、政策制定及实践路径的系统性研究活动，旨在为工会工作创新提供理论支撑和实践指导。广义的工会理论研究包括调查研究，调查研究在一定的理论研究指导下开展，可以检验和促进理论研究，二者相辅相成、不可分割。本章包括工会理论研究体系、理论研究成果运用、理论研究力量等内容。

第一节　理论研究体系

一、理论研究内容

工会理论研究以习近平新时代中国特色社会主义思想为指引，以马克思主义工运理论为基础，坚持中国特色社会主义工会发展道路，为新时代推动工运事业高质量发展提供支撑。

（一）理论性

深入研究马克思主义工运理论核心文献，对习近平总书记关于工人阶级和工会工作的重要论述进行体系化、学理化研究阐释。研究新时代贯彻落实全心全意依靠工人阶级根本方针、充分发挥工会桥梁纽带作用等重大理论问题。

（二）基础性

研究工运史、工会基本知识、基础理论和实践经验。对劳动力市场、劳动法律法规、劳动关系和职工队伍、维权服务等基础性问题开展研究。对工会组织架构、职能定位、工作机制等进行系统性研究。

（三）前瞻性

聚焦国内外经济社会发展形势、科技发展和产业升级趋势、职工队伍和劳动关系发展态势，开展新就业形态用工规范、数字劳动者权益保障、人工智能替代风险防控等研究，开展工会助力发展新质生产力、数智化工会建设、工会参与全球劳工治理等研究。

（四）实践性

研究职工思想政治引领、职工群众建功立业、推进产业工人队伍建设改革、健全劳动法律法规、精准维权服务、一体推进工会组织覆盖和工作覆盖、发挥产业工会独特作用等重点问题。加强职工群众创新创造活动、工会工作创新做法的典型研究。研究区域和国别工会问题。

二、理论研究领域

中国工会工作自主知识体系——工会学，是工会理论体系化学理化的体现。2023 年，教育部批准增设工会学本科专业，纳入《普通高等学校本科专业目录》。该专业依托马克思主义理论一级学科，聚焦“为百年工运立学、为中国工会育人”目标，旨在培养高素质专业化工会干部和理论研究人才，为构建中国工会工作自主知识体系提供学科支撑。具体包括 3 个分支学科：

（一）理论工会学

旨在从较高的抽象层次探讨工会组织与工人运动的一般规律，奠定学科的社会科学理论基础。它立足于经济学、政治学、社会学、法学等哲学社会科学理论，从个体与组织、微观与宏观、时间与空间等不同维度探讨工会的本质属性、功能定位、作用效果、运行机制等，为党的工运事业和工会工作提供理论参考。理论工会学可设工会基础理论、工会历史学、比较工会学、工会政治学、工会社会学、工会哲学等研究方向。

（二）应用工会学

旨在为工会实务工作提供具体的工作指南与实践指导。它研究工会组织对自身组织运作的管理、工会参与劳动关系治理、工会参与职工素质技能提升，以及工会参与就业促进政策制定与执行的相关工作。应用工会学可设工会经济学、工会宣传学、工会法学、工会教育学、工会实务等研究方向。

（三）劳动科学与劳动技术

旨在为工会更加科学、高效地履行职能提供广泛的自然科学与软科学依据。它探究职工群众劳动生产实践的客观规律，为工会组织开展劳动权益保障、协助优化劳动组织管理、组织动员职工参与生产建设活动、提升职工技能素质提供科学指导与技术工具。劳动科学与技术可设劳动关系学、劳动与社会保障学、劳动心理学、劳动安全与卫生、劳动管理学、劳动统计学、劳动经济学、劳动教育学等研究方向。

三、理论研究方法

（一）文献研究

文献研究是工会理论研究的基础方法，是通过寻找文献收集有关课题信息的研究方法。通过查阅和分析已有的文献资料，整合现有研究资源，系统梳理国内外工会发展历程、政策法规及学术成果，构建工会理论的知识体系。

（二）实证研究

实证研究是工会理论研究的重要方法，通过对工会工作实践中的具体问题进行调查、观察和分析，获取第一手资料，为工会理论的构建和发展提供现实依据。主要包括：通过发放回收调查问卷获取调研对象数据的定量资料；通过实地调研，包括座谈会、实地走访、个案访谈等途径获取调研对象的定性资料；通过调研对象密切相关的组织、机构等获取调研对象辅助资料。

（三）比较研究

比较研究是工会理论研究的常用方法，通过对不同国家、地区或组织的工会情况进行对比分析，找出差异和共性，借鉴国际工会运动的经验和做法，为工会理论的深化和发展提供有益的启示。主要包括横向对比、纵向对比、批判性借鉴等。

（四）跨学科研究

工会理论研究需运用经济、政治、社会、法律等多学科知识，从跨学科的视角来分析和探讨问题，提升研究的综合性和科学性。

四、理论研究统筹

（一）研究整体安排

对理论研究方向、资源、进度进行一体化统筹，以提升研究的战略性与协同性。

1. 统筹规划与方向聚焦。全国总工会发布年度研究课题计划，指导研究方向；地方工会及所属院校侧重体现地方特色的工会实践研究。实行动态调度，根据客观情况变化和实际需要及时调整研究方向。

2. 资源整合与协同联动。整合全总研究室、中国工运研究所、中国劳动关系学院、省级工会等力量，为研究选题提供专业支撑。推动重点问题横向协同研究，实现工会部门、高校院所、行业企业联合攻关。

3. 动态监控与闭环管理。研究课题设立开题、中期、结题三级评审机制，按照相关规定和标准严格开展课题评审验收，确保研究内容贴合实践需求。研究团队应定期汇报研究进展，针对滞后环节启动专项督导。

（二）研究课题质效

研究工作以课题为抓手，聚焦课题实施的具体环节，通过标准化管理与资源库建设提升研究质效。

1. 推进管理标准化。加强研究过程的统筹管理，明确课题项目申报、立项、实施、结项等环节的责任主体和工作要求。对课题项目进行全流程控制，在每一环节的关键节点把控节奏、及时督促、落实责任。规范工会研究成果，形成格式统一、结构完整、内容清晰的研究报告。

2. 优化研究资源库。强化对研究队伍的资料支撑，注重研究资料特别是第一手资料的收集整理分析，有效发挥基层联系点、蹲点工作点、“职工之家”APP 等作用；建立完善中国工会文献资料数据平台。

第二节　理论研究成果运用

一、成果转化

工会理论研究成果按照服务党中央决策、服务政策法律制定和服务工会工作大局的方向进行转化，以达到助力构建和谐劳动关系、维护职工合法权益、推动工会工作高质量发展的效果。

（一）服务党中央决策

工会理论研究肩负着为党中央研判劳动关系形势、完善社会治理体系提供基层一线资料的职责，成果应聚焦于党中央决策的信息支撑与政策建议。需形成具有全局性、战略性的分析报告与政策提案，以内参报告、专题建言、政策建议等形式，纳入党和国家决策的参考体系。要着力构建“问题发现—规律总结—对策建议”的完整链条，使工会理论研究成为党中央把握职工队伍动向、统筹发展与稳定的重要参考。

（二）服务政策法律制定

工会理论研究需深度参与社会主义法治建设，成果应推动劳动权益保障的法治化进程。要瞄准劳动领域法律政策的空白点、矛盾点，通过理论阐释明晰权益保障的法理基础，通过实证分析揭示制度运行的现实梗阻，为立法机关提供兼具理论高度与实践深度的改革方案。对涉及职工切身利益、政策性较强、应用性较广的研究成果，如集体协商、民主管理、新就业形态劳动者权益保障等关键领域，应推动研究成果向法律条文、司法解释、政策规范转化，及时报送有关国家部委或联席会议，推动形成工作性意见、转化为政策制度、上升为法律法规。

（三）服务工会工作大局

聚焦工会主责主业，研究成果须直指工会改革发展的重点任务，转化为推动工会工作提质增效的实践工具。要将理论探索嵌入工会工作机制创新、服务模式优化、组织建设强化等环节，将理论优势转化为提升服务效能的具体抓手。着眼工会组织自身改革，探索新时代群众工作规律，创新联系服务职工的组织体系、运行机制与载体平台，推动工会工作从传统经验型向现代科学型转变。对指导性较强、示范性较好的研究成果，及时呈报领导和上级工会，通过召开现场会、经验交流会等进行转化应用，吸收到各类会议文稿、重要文件、具体工作中。

二、成果宣传

工会理论研究成果通过媒体宣传、学术发表、公众教育协同发力，推动理论成果转化为社会共识与实践动能。

（一）媒体宣传

通过工会“报网微端刊号”等平台，宣传研究成果，扩大社会影响力。以通俗易懂、生动形象的形式呈现研究成果，增强吸引力和感染力。

（二）学术发表

将研究成果通过多种形式印发，鼓励研究成果在学术期刊发表，提升研究成果的学术价值。

（三）公众教育

通过讲座、培训等形式，向职工和社会公众普及工会理论。开展线上互动活动，如知识问答、话题讨论等，提高公众参与度。

三、成果管理

工会理论研究成果的管理需建立成果台账、评估运用情况、完善共享机制，以实际需求为导向，推动成果持续贴近基层实践。

（一）建立成果台账

每年收集工会系统各单位研究成果，按照全总领导重点研究课题、各单位研究课题、定向委托和招标课题、地方研究课题等类别建立成果库，纳入中国工会文献资料数据平台。

（二）评估运用情况

对各单位研究成果运用情况进行评估，提倡和鼓励将研究成果通过报送上级单位参考、出台相关文件、提交会议交流、公开发表、吸收到具体工作等多种方式，提高转化运用效果，发挥推动工作作用。

（三）完善共享机制

通过汇编或选编优秀报告集，召开专家研讨会、成果发布会，出版学术专著等形式，推广研究成果。依托全国工会智能 OA 系统上线优秀研究成果，保持动态更新，在工会系统内共享，为未来开展研究提供参考和借鉴。

第三节　理论研究力量

一、全总本级研究力量

（一）全总党组、书记处同志

全总党组、书记处同志把理论研究和调查研究贯穿工作谋划、决策和执行全过程。每年召开研究工作专题会议，研究部署全国总工会机关研究课题，统筹安排各级工会研究方向，就做好研究工作提出要求。带头开展研究，围绕中央领导指示批示、中央文件中涉及工会工作的重大问题，结合分管工作领域，主持开展重大课题研究，坚持自己撰写或主持起草研究报告，发挥引领示范作用，确保工会研究始终服务于党和国家工作大局。

（二）全总研究室、中国工运研究所、中国劳动关系学院

全总研究室负责习近平总书记关于工人阶级和工会工作的重要论述的研究阐释，工人运动、工会工作以及劳动关系领域的理论政策研究。中国工运研究所重点开展党的工运理论研究，与工会和劳动关系相关的经济社会政策、劳动法律法规研究以及职工队伍状况研究。中国劳动关系学院重点开展工人阶级与工会理论、劳动关系、劳动法学、劳动经济、职业安全卫生、劳动教育等方面的学术研究。这三者作为主体研究力量，开展基础性、学理性研究，形成有深度、有影响、有分量的研究成果，为工会工作的科学决策提供有力的理论支持。

（三）各全国产业工会、全国总工会各部门、各直属单位

各全国产业工会围绕全国总工会中心工作，立足自身行业特点，开展产业工人队伍建设改革、新就业形态劳动者维权服务等方面研究。全国总工会各部门从不同职能角度出发开展研究，推动经验推广、政策完善、制度创新。各直属单位在自身业务范围内进行研究，为工会工作创新发展提供新思路新方法。产业工会、部门、直属单位根据各自工作需要和职能优势，发掘整合本单位研究力量，开展实用性、专业性研究，为推动工作创新和问题解决提供实践经验和数据支持。

二、各级工会研究力量

（一）省级工会

省级工会着眼于地方工会重点课题与全国总工会重点工作紧密结合，突出地方特色，参照全国总工会年度课题研究方向，制订年度研究计划，开展对策性、操作性研究。与全国总工会研究部门密切联系，及时上报研究报告，推动

研究成果在更大范围转化应用，进一步提升工会研究的应用性和实效性。

（二）地方工会院校

地方工会院校承担着工会干部的教育培训任务，通过培养高素质专业化工会干部队伍，为工会研究工作提供坚实的人才基础。通过开展学术研究、举办学术交流活动、参与全国总工会及各省级工会研究课题等方式，为工会工作提供学术支持。

三、社会研究支持力量

（一）全总工会理论和劳动关系智库专家和社会研究机构

全总工会理论和劳动关系智库与中国特色社会主义工会发展道路研究会是全总机关具有理论性、学术性、非营利性的内部机构，实行“一个机构、两个牌子”，由全总研究室承担具体职责。全总工会理论和劳动关系智库成立于2021年9月，其主要功能是发挥参谋智囊作用，服务全总党组、书记处决策，为工会工作创新发展提供理论支撑和智力支持。智库专家主要来自高等院校、研究机构、中央和国家机关有关单位，涵盖党建和工运理论、劳动关系、劳动法律、人工智能等领域。中国特色社会主义工会发展道路研究会采取课题制、项目制开展工作，每年发布委托课题，面向社会公开招标，汇聚社会研究力量共同开展工会理论研究。智库专家和社会研究机构作为外部研究力量，通过参与探讨工会理论和实践问题、与工会合作开展课题研究、提供咨询意见，为工会工作提供全局性、战略性、前瞻性研究和对策建议。

（二）相关党政机构、部委机关

通过与党政机构、部委机关密切合作，共同开展课题研究和调研活动，及时交流研究成果，强化横向联系、信息共享、资源整合，有助于拓宽工会研究视野、提升研究质量实效、推动解决实际问题，为工会工作高质量发展提供更多社会力量支持。

第六章　工会工作法治化

工会工作法治化是工会组织通过多种法律途径与相关形式，参与法律法规制定、监督法律法规执行、运用法律手段维护职工和工会组织的合法权益、保障工会履行法定职能的各种活动。本章包括主要涉及职工的法律法规、源头参与法律法规制定、劳动法律监督、法治宣传教育、法律援助服务等内容。

第一节　主要涉工法律法规

一、国家涉工法律法规

（一）《宪法》

《宪法》作为国家的根本大法，规定了公民的基本权利和义务，包括职工的权利和义务，为职工和工会组织提供了最高法律保障。《宪法》明确：中华人民共和国是工人阶级领导的、以工农联盟为基础的人民民主专政的社会主义国家，凸显了工人阶级在国家政治经济生活中的重要地位。《宪法》规定：中华人民共和国公民有劳动的权利和义务，国家通过各种途径，创造劳动就业条件，加强劳动保护，改善劳动条件，并在发展生产的基础上，提高劳动报酬和福利待遇；公民在年老、疾病或者丧失劳动能力的情况下有从国家和社会获得物质帮助的权利；劳动者有休息的权利；坚持按劳分配为主体、多种分配方式并存的分配制度；国有企业依照法律规定，通过职工代表大会和其他形式，实行民主管理，集体经济组织实行民主管理，依照法律规定选举和罢免管理人员，决定经营管理的重大问题等。根据《宪法》规定，我国制定了一系列涉工法律法规。《工会法》规定，工会必须遵守和维护宪法，以宪法为根本的活动准则。《劳动法》规定，为了保护劳动者的合法权益，调整劳动关系，建立和维护适应社会主义市场经济的劳动制度，促进经济发展和社会进步，根据宪法，制定本法。

（二）《工会法》

《工会法》是保障工会在国家政治、经济和社会生活中的地位，确定工会的权利义务，发挥工会在社会主义现代化建设事业中作用的法律。主要内容：规定工会的性质和基本职责；工会的组织原则和组织体系；工会的权利和义务；工会的经费和财产以及违反工会法的法律责任等。《工会法》明确规定，工会是中国共产党领导的职工自愿结合的工人阶级群众组织，是中国共产党联系职工群众的桥梁和纽带。维护职工合法权益、竭诚服务职工群众是工会的基本职责。工会享有参与立法和政策制定、参与协调劳动关系、监督劳动法律法规执行、提供法律帮助等权利。工会通过平等协商和集体合同制度等，推动健全劳动关系协调机制，维护职工劳动权益。工会依照法律规定通过职工代表大会或者其他形式，组织职工参与本单位的民主选举、民主协商、民主决策、民主管理和民主监督。建立工会组织的用人单位按每月全部职工工资总额的2%向工会拨缴经费，工会经费主要用于为职工服务和工会活动。工会对违反《工会法》规定侵犯其合法权益的，有权提请人民政府或者有关部门予以处理，或者向人民法院提起诉讼。

（三）《劳动法》

《劳动法》是国家制定的调整劳动关系及与劳动关系密切相关的其他社会关系、保护劳动者合法权益的法律。主要内容：规定劳动者和用人单位双方的权利义务。根据《劳动法》规定，劳动者享有参加劳动权、劳动报酬权、休息休假权、劳动安全卫生权、社会保险权、劳动福利权、职业培训权、民主管理权等权利。同时，该法明确规定了用人单位拖欠工资、超时加班、不缴社保、违法解除劳动合同等应当承担的法律责任。

（四）《劳动合同法》

《劳动合同法》是规范劳动合同订立、履行、变更及解除的专门法律。主要内容：明确规定建立劳动关系，应当订立书面劳动合同；劳动者在用人单位连续工作满 10 年等情形下，应当订立无固定期限劳动合同；针对不同的劳动合同期限规定相应的试用期，并规定试用期工资标准；明确用人单位、劳动者可以解除劳动合同的具体情形；明确经济补偿的标准；对集体合同、劳务派遣和非全日制用工等作专节规定；对用人单位、劳动者、劳动行政部门和其他有关主管部门及其工作人员违反《劳动合同法》的情形设定了相应的法律责任。

（五）《安全生产法》

《安全生产法》是规范安全生产活动、预防和减少生产安全事故的法律。主要内容：规定生产经营单位的安全生产保障责任，明确生产经营单位的主要负责人是本单位安全生产第一责任人；明确地方政府和有关部门的安全生产监督管理职责；规定从业人员享有知情权与建议权、拒绝违章指挥和冒险作业权、紧急情况停止作业或者紧急撤离权等权利；同时对生产经营单位及其负责人安全生产违法行为规定相应的处罚措施。

（六）《职业病防治法》

《职业病防治法》是调整规范预防、控制和消除职业病危害，防治职业病的法律。主要内容：按照前期预防、劳动过程中的防护与管理、职业病发生后的诊断治疗与职业病病人的保障三个阶段，对防治职业病分别规定相应的制度措施；赋予劳动者知情权、职业卫生培训权、拒绝冒险权、检举控告权、对职业病防治工作提出意见和建议权、损害赔偿权等权利。

（七）《社会保险法》

《社会保险法》是为规范社会保险关系，维护公民参加社会保险和享受社会保险待遇的合法权益，使公民共享发展成果，促进社会和谐稳定而制定的法律。主要内容：规定基本养老保险、基本医疗保险、工伤保险、失业保险、生育保险等制度，对社会保险费征缴、社会保险基金统筹、社会保险经办及监督作了明确的法律规定。

（八）《劳动争议调解仲裁法》

《劳动争议调解仲裁法》是规范劳动争议协商、调解和仲裁制度，使劳动争议依照程序规定得到公正及时处理的法律。主要内容：规定劳动争议处理程序。劳动争议解决一般按照“协商、调解、仲裁、诉讼”程序进行，当事人不愿协商、协商不成或者达成和解协议后不履行的，可以申请调解；不愿调解、调解不成或者达成调解协议后不履行的，可以申请仲裁；对仲裁裁决不服的，除该法另有规定的外，可以向人民法院提起诉讼。对于追索劳动报酬、工伤医疗费、经济补偿或者赔偿金，不超过当地月最低工资标准 12 个月金额的争议和因执行国家的劳动标准在工作时间、休息休假、社会保险等方面发生争议的仲裁裁决为终局裁决，裁决书自作出之日起发生法律效力。

（九）《就业促进法》

《就业促进法》是为促进就业、促进经济发展与扩大就业相协调，促进社会和谐稳定而制定的法律。主要内容：明确促进就业的原则、方针和工作机制；统筹协调产业政策与就业政策，建立促进就业的政策支持体系；通过规范人才和劳动力市场秩序，促进劳动者就业；规定职业教育和培训相关内容，增强劳动者的就业能力和创业能力；采取税费减免、贷款贴息、社会保险补贴、岗位补贴等办法，通过公益性岗位安置等途径，对就业困难人员实行优先扶持和重点帮助。

（十）《职业教育法》

《职业教育法》是为发展职业教育、提升劳动者素质、促进经济社会发展而制定的法律。主要内容：规定国家建立服务全民终身学习的现代职业教育体系；明确职业教育的内涵、定位和实施原则；强调发挥企业职业教育主体作用；通过扩大职业学校办学自主权、促进产教融合和校企合作、健全职业教育社会评价机制，提升职业教育质量和水平。

（十一）《公司法》

《公司法》目的是规范公司的组织和行为，保护公司、股东、职工和债权人的合法权益，完善中国特色现代企业制度，弘扬企业家精神，维护社会经济秩序，促进社会主义市场经济的发展。《公司法》指出，公司职工有权依据工会法组建工会，并开展各类工会活动，以保障自身合法权益，公司应为此提供必要的支持和条件。工会代表职工就劳动报酬、工作时间、休息休假、劳动安全卫生及保险福利等关键事项，与公司进行集体合同的签订。在涉及公司改制、解散、破产申请及经营策略等重大决策时，公司必须听取工会的意见，并通过职工代表大会或其他途径收集职工的意见和建议。

（十二）《民营经济促进法》

《民营经济促进法》目的是优化民营经济发展环境，保证各类经济组织公平参与市场竞争，促进民营经济健康发展和民营经济人士健康成长，构建高水平社会主义市场经济体制，发挥民营经济在国民经济和社会发展中的重要作用。《民营经济促进法》明确提出，依法建立健全以职工代表大会为基本形式的民主管理制度；民营经济组织中的工会等群团组织依照法律和章程开展活动，加强职工思想政治引领，维护职工合法权益，发挥在企业民主管理中的作用，推动完善企业工资集体协商制度，促进构建和谐劳动关系；支持民营经济组织通过加强技能培训、扩大吸纳就业、完善工资分配制度等，促进员工共享发展成果。

（十三）《职工带薪年休假条例》

《职工带薪年休假条例》是为维护职工休息休假权利，调动职工工作积极性，根据《劳动法》和《公务员法》制定的行政法规。主要内容：规定职工连续工作 1 年以上的，享受带薪年休假。职工累计工作已满 1 年不满 10 年的，年休假 5 天；已满 10 年不满 20 年的，年休假 10 天；已满 20 年的，年休假

15 天。单位确因工作需要不能安排职工休年休假的，经职工本人同意，可以不安排职工休年休假。对职工应休未休的年休假天数，单位应当按照该职工日工资收入的 300% 支付年休假工资报酬。

（十四）《工伤保险条例》

《工伤保险条例》是为保障因工作遭受事故伤害或者患职业病的职工获得医疗救治和经济补偿、促进工伤预防和职业康复、分散用人单位的工伤风险而制定的行政法规。主要内容：规定用人单位应当参加工伤保险，为本单位职工缴纳工伤保险费。职工个人不缴纳工伤保险费；条例明确规定了应当认定为工伤、视同工伤、不得认定为工伤的各类情形，劳动能力鉴定程序、工伤保险待遇等内容。

（十五）《劳动保障监察条例》

《劳动保障监察条例》是为贯彻实施劳动和社会保障法律法规和规章，规范劳动保障监察工作，维护劳动者合法权益，根据《劳动法》和有关法律制定的行政法规。主要内容：规定劳动保障行政部门实施劳动保障监察应当履行的职责；应当对用人单位制定内部劳动保障规章制度、与劳动者订立劳动合同、遵守禁止使用童工规定、遵守女职工和未成年工特殊劳动保护、遵守工作时间和休息休假规定、支付劳动者工资和执行最低工资标准、参加各项社会保险和缴纳社会保险费等情况实施劳动保障监察；明确规定了劳动保障监察程序。

（十六）《女职工劳动保护特别规定》

《女职工劳动保护特别规定》是为减少和解决女职工在劳动中因生理特点造成的特殊困难、保护女职工健康而制定的行政法规，是保障女职工劳动保护特殊权益的一部专门法规。主要内容：规定怀孕 7 个月以上的女职工，用人单位不得延长劳动时间或者安排夜班劳动，并应当在劳动时间内安排一定的休息时间；女职工生育享受 98 天产假；对哺乳未满 1 周岁婴儿的女职工，用人单位不得延长劳动时间或者安排夜班劳动；同时明确了女职工禁忌从事的劳动范围。

（十七）其他

主要包括《妇女权益保障法》《矿山安全法》《劳动合同法实施条例》《保障农民工工资支付条例》《失业保险条例》《全国年节及纪念日放假办法》《未成年工特殊保护规定》《安全生产事故报告和调查处理条例》等。

二、地方涉工法规情况

为落实《工会法》规定，各省（区、市）制定了实施《工会法》地方性法规。2021 年《工会法》修改后，各级工会聚焦国家和地方立法重点，落实党中央对工会改革的新要求，推动完善涉工法律法规体系。截至 2025 年 5 月底，24 个省（区、市）完成地方实施《工会法》的地方性法规修改，14 个省（区、市）出台了工会劳动法律监督地方性法规，29 个省（区、市）出台了 36 部民主管理地方性法规，30 个省（区、市）出台了 41 部集体协商地方性法规或政府规章。

第二节　源头参与法律法规制定

一、目标要求

工会围绕职工群众最关心最直接最现实的利益问题，在劳动就业、收入分配、工作时间、休息休假、劳动安全卫生、社会保障、生活福利、公共服务、女职工权益保护等方面持续推动涉工法律法规规章制定修改，从源头上维护职工群众和工会组织合法权益。

二、工作内容

（一）参与国家立法

《工会法》第三十四条明确规定，国家机关在组织起草或者修改直接涉及职工切身利益的法律、法规、规章时，应当听取工会意见。全国总工会负责协调部署各级工会参与立法工作，推动国家层面立法，配合做好国家机关立法意见征求工作，充分调动工会上下和工会内外力量，针对涉及职工权益和工会利益的重要问题提出意见建议。各级产业工会在本产业系统内推动相关立法，发挥产业特点和优势，充分调动职工群众参与立法。

（二）参与地方立法

省级地方工会、设区的市级地方工会依法推动和参与涉及职工切身利益的地方性法规和地方政府规章的制定修改，按照有关国家机关及上级工会要求参与国家层面立法，指导下级工会参与立法。其他地方工会按照有关国家机关和上级工会要求参与国家和地方立法。

三、组织实施

（一）机构

全国总工会、各级地方总工会、产业工会、基层工会发挥各自特点和优势，积极组织和代表职工群众推动和参与法律法规规章的制定和修改。

（二）机制

1. 建立健全汇集职工群众意见的制度机制。通过基层联系点等组织职工群众广泛参与、征集职工群众意见建议。

2. 推动建立健全立法机关与人民团体日常联系制度，积极向有立法权的各级人大常委会及其专门委员会提出立法建议，协助并配合立法机关征集法律意见建议。

（三）载体

1. 支持人大代表和政协委员提出立法建议和提案。及时向工会系统人大代表和工会界别政协委员通报工会工作进展和关注的重大问题，为提出与职工利益密切相关的议案、提案、建议等当好参谋助手。

2. 依托工会与政府联席（联系）会议等制度，及时交流工会关于劳动关系和劳动法治建设的意见建议。

3. 充分发挥劳动关系三方协商机制作用，就劳动领域重大立法沟通协调，及时就立法涉及的重大问题达成共识，合力推进劳动领域立法进程。

第三节　劳动法律监督

一、目标要求

维护劳动法律的尊严和权威，督促用人单位认真遵守执行国家劳动法律法规、改正违反劳动法律法规的行为，维护职工合法权益，推动构建和谐劳动关系，促进法治中国、平安中国建设。

二、工作内容

（一）参与涉工法律执法检查

工会积极参与人大开展的涉工法律法规执法检查工作。具体内容为：

1. 对相关法律的贯彻执行情况进行深入调研，全面掌握法律实施情况，找准问题及原因，形成调研报告，并在执法检查正式开始前及时向人大报告。

2. 根据有关安排做好各个阶段的配合工作，并在工会系统内就如何有效参与进行工作部署。

3. 积极派员参加人大执法检查组开展的实地检查，并发挥工会优势，从维护职工合法权益的角度当好参谋助手。

（二）工会劳动法律监督“一函两书”

“一函两书”制度，是工会为提醒用人单位落实好劳动法律法规，或纠正其违法劳动用工行为而适用相关文书的制度简称。“一函”指的是《工会劳动法律监督提示函》，“两书”指的是《工会劳动法律监督意见书》和《工会劳动法律监督建议书》。

三、组织实施

（一）机构

主要有劳动法律监督委员会和劳动法律监督小组两种。县级以上各级工会应当设立劳动法律监督委员会，在同级工会领导下开展劳动法律监督工作。基层工会一般设立劳动法律监督委员会，会员人数不足 25 人的，可以设立劳动法律监督小组。

（二）机制

主要包括：监督检查制度，情况报告制度，参与处理制度，督促落实和整改制度，提请政府劳动行政部门处理制度，与司法机关协同协作机制，信息交流制度，宣传教育制度。

（三）载体

“一函两书”是工会开展劳动法律监督的主要载体。用人单位违反劳动法律法规、侵害职工合法权益，经协商沟通解决不成的，由基层工会或工会劳动法律监督组织向用人单位发出《工会劳动法律监督提示函》。经《工会劳动法律监督提示函》提示或沟通无效的，由县级以上地方总工会、基层工会或工会劳动法律监督组织向用人单位发出《工会劳动法律监督意见书》。用人单位未在规定期限内答复，或者无正当理由拒不改正的，由基层工会或工会劳动法律监督组织提请县级以上地方总工会向同级人民政府人社、卫生健康、应急管理等有关执法部门发出《工会劳动法律监督建议书》。必要时，上级工会可以代行下级工会的劳动法律监督职责。工会以全面推行“一函两书”为抓手，与法院、检察院、人社部门建立协同协作机制。

第四节　法治宣传教育

一、目标任务

工会组织按照国家的普法规划，对职工和工会组织以及用人单位进行法治宣传和普及教育，是工会宣传教育的一项重要内容。以工会工作者、职工群众、用人单位负责人为对象，通过深入宣传习近平法治思想，深入宣传《宪法》和《民法典》《劳动法》《工会法》及其他与职工权益密切相关的法律法规，深入宣传工会工作法治化相关的制度文件，组织开展工会干部及职工群众法治宣传和专题培训，加强职工法治文化建设，提升职工群众依法维护自身权益能力，引导职工群众支持参与法治建设；强化工会干部法治意识和法治思维，在法治轨道上推进工会工作；引导用人单位依法合规用工，推动构建和谐劳动关系。

二、工作内容

（一）宣传习近平法治思想

深入学习宣传习近平法治思想的重大意义、丰富内涵、精神实质和实践要求，引导广大工会工作者和职工群众坚定不移走中国特色社会主义法治道路。把习近平法治思想作为各级工会重点学习内容，列为工会干部培训重点课程，推动工会领导干部带头学习、模范践行。

（二）宣传《宪法》

坚持把《宪法》学习宣传摆在重要位置，开展“宪法宣传周”集中宣传活动，阐释好新时代依宪治国的内涵和意义，强化国家认同、制度认同。

（三）宣传与职工权益密切相关的法律法规

深入学习宣传《工会法》《劳动法》等涉及职工切身利益的法律法规。

三、组织实施

（一）机构

全国总工会和各级地方工会的法律工作部门、宣传教育部门，各全国产业工会相关部门负责工会法治宣传教育工作的规划计划、组织实施、检查评估等工作。各级工会的组织部门负责工会干部法治方面的培训工作。各级工会有关工作部门负责本级机关的法治宣传教育工作。全国总工会法律顾问委员会在全国总工会党组、书记处领导下开展法律顾问和咨询工作，为工会法治宣传教育提供专业支持。

（二）机制

1. 横向协作联动机制。工会联合法院、检察院、司法行政、人社、应急管理、市场监管等部门，通过举办法治知识竞赛、联合培训等形式，形成合力，向用人单位、职工群众、工会干部开展法治宣传教育。

2. 纵向规划计划制度。各级工会以工会法治宣传教育五年规划、年度法治宣传教育要点计划、年度重大法治宣传教育活动为牵引，建立覆盖省级、市（地）级、县级、乡（镇、街道）、园区、企业工会的工会法治宣传教育工作机制，实现工会法治宣传教育内容和对象全覆盖。

（三）载体

1. 法治宣传教育五年规划。自 1985 年起，全国总工会先后制定全国工会“一五”到“八五”法治宣传教育五年规划，明确工会法治宣传教育五年目标、重点对象、主要内容、重点活动等内容。

2. 法治宣传阵地。以“职工之家”APP“法律服务”模块为核心，以各级工会报刊、网站、“三微一端”的法治宣传教育模块为支撑，构建线上阵地；依托职工服务中心、职工法律服务中心、工会驿站及工会劳动争议调解室、工会法律援助服务站点，设置工会法治宣传教育专区，构建工会线下阵地。

3. 重要宣传活动。联合司法行政、人社、应急管理等部门组织开展法治知识竞赛活动；开展工会系统“宪法宣传周”、民法典宣传月等活动；开展全国工会国家安全日主题、“送法到企业”、“情系女职工 法在你身边”等法治宣传教育活动。

第五节 法律援助服务

一、目标任务

依据《工会法》《法律援助法》等法律法规和《中国工会章程》等有关规定，在司法行政部门指导下，建立健全全面覆盖、专业高效的工会法律援助服务体系，实现法律援助服务的制度化、规范化、专业化；扩大法律援助覆盖面，确保广大职工能够获得及时、专业、无偿的法律帮助，切实维护职工合法权益，推动构建和谐劳动关系；提高法律援助服务质量和效率，满足职工多元化、多层次的法律需求；加强法律援助队伍建设，提升工会法律援助工作人员的专业素养和服务能力；深化与司法行政部门、律师事务所等机构的合作，形成法律援助工作的强大合力。

二、工作内容

2021 年通过的《法律援助法》首次从法律层面对法律援助工作的基本原则和运行机制作出全面系统规范，明确了法律援助是公共法律服务体系的组成部分，确立了工会等群团组织在法律援助工作中的职责和定位。工会法律援助服务是国家法律援助体系的组成部分，是政府法律援助的必要补充。

（一）法律法规咨询服务

为职工提供法律法规咨询服务，对有关法律问题作出解释和说明、提出建议和解决方案。

（二）代拟法律文书服务

帮助职工起草和撰写所需申请书、起诉状、答辩状、申诉状等文书，确保规范性和有效性。

（三）劳动争议调解服务

帮助和代为申请调解、参与调解活动以及达成调解协议。

（四）仲裁和诉讼代理服务

帮助和代为提起仲裁或诉讼、调查取证、参加庭审、签收法律文书等。

三、组织实施

（一）机构

县级以上地方工会应依法设立法律援助服务机构，作为工会法律援助服务的专门平台。工会法律援助服务机构可以单独设立，也可以与职工服务中心等机构合署办公，实现资源共享和优势互补。此外，还可以通过与司法行政、人社等部门合作，设立法律援助工作服务站或服务点，拓宽服务渠道，扩大服务覆盖面。法律援助机构、站点在同级工会领导下开展工作，负责具体实施法律援助服务。法律援助服务机构应明确受理、审查、指派、监督等职责，配备专职或兼职工作人员，确保工作规范化和高效化。同时，加强与司法行政部门、律师事务所等机构的合作，借助法律专业力量，共同推进工会法律援助服务工作发展。

（二）机制

1. 受理与审查申请机制。工会法律援助服务机构依照受理条件对法律援助申请进行形式审查，依法作出援助或不予援助的决定。工会法律援助服务机构对申请材料进行严格审查，确保符合条件的职工能够获得法律援助。对不符合条件的申请，应说明理由并告知申请人，确保申请过程的公开、公正、透明。简化法律援助申请流程，建立重点职工群体申请法律援助服务“绿色通道”。

2. 指派与承办机制。工会法律援助服务机构对经审查符合法律援助条件的职工，指派法律援助工作人员承办案件、提供服务。工会法律援助服务机构应当根据案件性质和职工需求，指派具有相应专业能力的法律援助人员承办案件。同时，加强案件跟踪管理，建立案件回访制度，确保案件处理质量和效果。

3. 监督与评估机制。工会协同司法行政部门，加强对法律援助工作的监督和管理，建立案件跟踪制度和定期评估机制。通过定期检查、案件回访等方式，及时发现并纠正存在的问题。

4. 补贴与激励机制。工会法律援助机构对法律援助事项承办人员按标准支付办案补贴，实行与法律援助工作量和办案质效挂钩的激励机制。工会法律援助服务机构应制定合理的法律援助补贴标准，并根据服务类型、承办案件成本等因素进行动态调整。

5. 资金保障机制。工会设立法律援助专项资金，用于支付法律援助补贴、办案费用等。建立健全资金管理制度，确保资金安全有效使用。同时，积极争取政府和社会各界的支持，拓宽资金来源渠道，为法律援助工作提供坚实的资金保障。

6. 人才队伍建设机制。通过培养和聘请具有法律专业知识和法律服务精神的法律援助工作人员，组建专业化人才队伍。采取定期培训和规范管理等方式，提高法律援助工作人员的专业能力和水平，提升工会法律援助服务整体质量。

（三）载体

1. 法律援助阵地。在工会职工服务中心、工人文化宫等设立法律援助阵地，为职工提供常态化的法律咨询、代拟法律文书、代理协商调解、代理仲裁和诉讼等服务。配备专门工作人员和服务设施，确保对符合条件的职工“应援尽援”，及时解决急难愁盼问题。

2. 法律服务专项活动。联合司法行政、律师协会等组织机构开展法律援助服务相关活动，广泛发动社会力量参与，通过法治宣传、法律咨询、用工指导、争议调解、法律援助等多种形式，为新就业形态劳动者等重点群体提供公益性、专业性、综合性法律服务，推动健全劳动者合法权益保障长效机制，推动构建和谐稳定劳动关系。

3. 法律服务线上平台。“职工之家”APP“法律服务”模块为工会干部和职工群众提供“掌上”的智能法律服务，主要功能有法律法规查询、劳动法律问题咨询、劳动争议案例查询、劳动争议案情评估、劳动法律计算器、法治宣传教育，同时加载“12351”快捷键，由在线律师提供实时人工法律咨询服务。

第七章　职工思想政治引领

职工思想政治引领是指通过各种教育、宣传、引导等手段，对职工群体进行思想观念、政治意识、价值取向等方面的影响和塑造，帮助职工提高政治觉悟和政治素养，树立正确的世界观、人生观和价值观，明确职业理想和职业目标，促进职工队伍的思想稳定与健康发展，积极投身强国建设、民族复兴伟业。本章包括思想政治工作、意识形态工作、新闻宣传、舆情工作等内容。

第一节　思想政治工作

一、目标要求

坚持用习近平新时代中国特色社会主义思想武装头脑、指导实践、推动工作，坚持全心全意依靠工人阶级根本方针，坚持把凝聚人心、化解矛盾、激发动力作为中心环节，以理论武装为基础，以理想信念教育为核心，以社会主义核心价值观为引领，以强化主人翁意识为关键，以巩固党执政的阶级基础和群众基础为目的，全面提升职工思想政治工作水平，团结引导广大职工群众坚定不移听党话、跟党走，在以中国式现代化全面推进强国建设、民族复兴伟业中充分发挥主力军作用。

二、工作内容

（一）理论武装

以习近平新时代中国特色社会主义思想为指导，全面贯彻党的二十大精神，深入学习贯彻习近平文化思想、习近平总书记关于工人阶级和工会工作的重要论述，推动新时代党的创新理论“走”到职工群众心坎上，把蕴藏在广大职工中的智慧和力量激发出来。

（二）理想信念教育

深入践行社会主义核心价值观，深入开展党史、新中国史、改革开放史、社会主义发展史、中华民族发展史、中国工运史宣传教育，讲好中华优秀传统文化、革命文化和社会主义先进文化，加强爱国主义、集体主义教育，弘扬劳模精神、劳动精神、工匠精神，筑牢广大职工共同奋斗的思想基础。

（三）职工日常思想政治工作

紧紧围绕党的中心工作和重大任务，围绕工会工作全局，围绕职工关心的实际问题，开展形式多样的常态化宣传教育活动，组织职工群众参与其中，寓教于具体活动，寓教于职工实践，及时化解职工思想困惑，疏导心理压力。

（四）职工思想状况调查研究

深入调研职工精神文化权益保障和实现情况，了解掌握职工的思想状况和生产生活情况，准确把握网络时代职工队伍发展变化的特点和规律。研究分析职工队伍存在思想问题的原因，找出症结所在，提出有针对性的政策建议，及时向党政有关部门反映职工思想动态和诉求。

（五）职工职业道德建设

深入贯彻落实《新时代公民道德建设实施纲要》和《新时代职业道德建设实施纲要》，在广大职工中培育和践行社会主义核心价值观，推动践行以爱岗敬业、诚实守信、办事公道、热情服务、奉献社会为主要内容的职业道德，营造劳动光荣、技能宝贵、创造伟大的社会氛围，培育知荣辱、讲正气、作奉献、促和谐的良好风尚。

三、组织实施

（一）机构

全国总工会，各省、自治区、直辖市总工会，各全国产业工会，中央和国家机关工会联合会的宣传教育工作部门。

（二）机制

1. 实施职工群众思想政治引领建设工程。按照全国总工会创新实施“559”工作部署，实施职工群众思想政治引领建设工程，聚焦增强政治性、先进性、群众性，围绕“以政启人、以情动人、以理服人、以常化人、以阵地聚人”，用心用情用劲做好职工思想政治工作，把党的创新理论讲明白讲鲜活，用直接直达的传播方式，不断扩大宣传引领覆盖面。

2. 加强对工会职工思想政治工作阵地的管理。充分发挥“职工之家”APP、工会报刊、工人文化宫、职工书屋、工运纪念设施等宣传教育阵地作用，做好各类阵地的整合与联动，实现聚集资源、调整结构、融合协同的效果，夯实职工思想政治工作的基础。

3. 在发挥工会传统媒体优势的同时，大力发展工会网络媒体、新兴媒体，尤其注重应用新技术、新工具。通过线上线下相结合的方式，形成全方位、多层次的宣传教育格局。

（三）载体

1. 开展“中国梦・劳动美”主题宣传教育活动。2013 年以来，各级工会先后以“永远跟党走、奋进新征程”“喜迎二十大、建功新时代”“凝心铸魂跟党走、团结奋斗新征程”等为年度主题，开展了一系列形式多样、有声有色的宣传教育活动。

2. 创新打造“中国工人大思政课”。“中国工人大思政课”是实施职工群众思想政治引领建设工程的重要载体，坚持“内容为王”，讲好党的创新理论，讲好改革发展成就，讲好“三个精神”，讲好“四史”和中国工运史，讲好中华优秀传统文化、革命文化和社会主义先进文化，讲好职工利益关切。

3. 加强红色工运文化建设。加强红色工运资源的保护利用，深化研究阐释，发掘时代内涵，突出社会效益，打造精品展陈，强化教育功能，提升传播能力，因地制宜开展参观瞻仰、纪念缅怀、现场教学、学习体验、主题党日、研讨交流等活动。用好用活“中国工人运动历史和发展成就展”、全国职工爱国主义教育 VR 展馆，引导职工群众传承红色基因、赓续红色血脉。

4. 数智赋能职工思想政治工作。发挥“职工之家”APP 直达亿万职工新优势，建设“职工之家”APP、“大思政课”云平台，充分利用互联网特别是移动互联网的手段和途径，建立和健全职工思想政治工作网络，及时收集、分析和疏导职工思想问题。

第二节　意识形态工作

一、目标要求

强化理想信念，用习近平新时代中国特色社会主义思想武装职工头脑，巩固马克思主义在意识形态领域的指导地位，筑牢共同奋斗的思想根基；落实意识形态工作责任制，维护意识形态安全，防范化解劳动领域意识形态风险，抵制错误思潮渗透；凝聚发展共识，将党的主张转化为职工自觉行动，激发劳动热情和创造活力，服务经济社会发展大局。

二、工作内容

（一）工作任务

1. 政治引领。坚持工会工作正确政治方向，确保党中央决策部署在工会系统落地生根。

2. 职工思想动态调研。定期开展职工思想状况调查，掌握职工关注的热点问题。

3. 阵地管理。加强工会报刊、网站、新媒体平台，以及工人文化宫、职工书屋、工会驿站等阵地管理。

4. 舆论引导。针对职工队伍、劳动关系、工会工作等热点，主动发声，批驳错误言论。

5. 文化培育。推动社会主义核心价值观融入职工文化活动和职业道德建设，营造积极向上职场氛围。

6. 权益保障联动。将意识形态工作与维权服务结合，通过解决职工实际困难增强思想认同。

（二）队伍建设

1. 工会干部队伍。选优配强工会各级领导班子，加强工会干部政治能力培训，将意识形态工作纳入干部考核评价体系。

2. 职工宣讲团。选拔劳模、工匠、工会积极分子组建宣讲队伍，用职工语言传播党的理论政策。

3. 网络宣传志愿者队伍。在各级工会培养政治素质高、熟悉新媒体的骨干，参与网上正能量传播。

（三）宣传方式

1. 线上线下融合。充分利用新媒体加强党的创新理论传播，用好工人文化宫、职工书屋等阵地。

2. 分众化传播。针对青年职工、农民工等不同群体，设计差异化宣传内容（如短视频、漫画等）。

3. 典型示范引领。组织五一劳动奖评选，宣传选树最美职工、大国工匠，开展劳模宣讲等活动。

4. 文化活动浸润。组织职工文艺汇演、读书分享会、技能竞赛等群众性文化活动。

三、组织实施

（一）机构

各级工会党组织承担意识形态工作全面领导责任，党组织负责人是意识形态工作第一责任人。全国总工会成立全国工会宣传思想文化工作领导小组，加强对全国总工会机关和直属单位意识形态工作的统一领导和归口管理。各级工会参照执行。

（二）机制

1. 意识形态领域情况研判机制。定期研判工会意识形态领域情况。各级工会党组织每年至少 2 次专题研究意识形态工作。

2. 考核评价机制。将意识形态工作纳入年度考核、纪检巡视内容，对落实意识形态工作责任制情况进行督促检查。

（三）载体

1. 实体阵地。加强工会院校、工人文化宫、工会文艺团体、职工书屋、工会驿站等宣传思想文化阵地建设管理。

2. 线上平台。加强工会宣传工作数智化建设，用好“职工之家”APP，实现全天候覆盖。

3. 活动品牌。持续开展“中国梦 · 劳动美”“网聚职工正能量 争做中国好网民”等主题活动。

第三节　新闻宣传

一、目标要求

构建工会大宣传格局，形成全方位、多层次、立体化的宣传体系，准确传达党的理论和路线方针政策，特别是关于工人阶级和工会工作的部署要求；落实“工作即宣传，宣传必感动”理念，展示工会组织在服务职工、维护权益、促进发展等方面的积极作为，有效提升工会工作的社会认知度和影响力；弘扬劳模精神、劳动精神、工匠精神，激发广大职工的劳动热情和创造活力，营造有利于职工队伍团结稳定与社会和谐发展的良好舆论环境。

二、工作内容

（一）宣传策划

宣传策划是工会新闻宣传工作的顶层设计环节。宣传策划应明确受众范围、宣传主题、宣传节奏、产品形式、传播渠道、可用资源等内容。各级工会宣传教育部门应深入开展职工调研，精准把握职工群众的关心关切和利益诉求，聚焦深化产业工人队伍建设改革、职工权益保障等工会重点工作，统筹协调工会系统内外资源，做好日常和重要节点的宣传策划。

（二）产品生产

产品生产是将宣传策划转化为具体传播内容的创作过程。各级工会宣传教育部门应考虑受众和传播渠道特性，生产图文、音频、视频、直播、互动等多元化产品。可组建专业团队或委托媒体生产，充分运用媒体融合优势，以“中央厨房”形式实现“一次采集、多元生成”。产品应突出工会特色，创新切入角度，提升内容的感染力和说服力。应建立严格的内容审核机制，确保政治方向正确、事实准确无误。

（三）媒体传播

媒体传播是通过多样化渠道传递工会信息、弘扬“三个精神”的实践活动。各级工会宣传教育部门应强化与主流媒体、互联网商业平台的合作，建好、做强工会媒体，拓宽传播渠道，构建起覆盖广泛的多层次传播网络。应围绕工会重要活动，抓住重要时间节点，通过召开发布会、组织主题宣传等，提高传播效率。应注重线上线下的融合传播，充分利用好工会官方网站、“职工之家”APP、微信公众号、微博、短视频平台等新媒体矩阵，实现信息的快速扩散和精准推送。

（四）效果评估

效果评估是对宣传传播成效的量化分析与质量评价。各级工会宣传教育部门应建立起科学的评估体系，定期对工会新闻宣传工作的覆盖面、影响力、受众满意度等指标进行量化分析。可通过问卷调查、网络监测、数据分析等手段，收集反馈信息，及时调整宣传策略。要注重评估结果的运用，将评估结果作为改进工作、优化资源配置的重要依据。

（五）奖励激励

科学合理的奖励激励是激发工会新闻宣传工作活力、提升工作质效的重要保障。各级工会可构建“物质＋精神＋发展”三位一体激励体系，对在新闻宣传工作中表现突出的个人和集体给予适当的鼓励和奖励。通过举办融媒宣传技能大赛、宣传产品征集活动、优秀案例分享会等，搭建学习交流平台，激励广大工会干部积极参与新闻宣传工作，不断提升业务水平。

三、组织实施

（一）机构

全国总工会宣传教育部和各级工会宣传教育部门是工会新闻宣传工作的职能部门。全国总工会成立新闻中心，统一协调组织全国总工会新闻宣传工作、指导各级工会新闻宣传工作，新闻中心办公室设在宣传教育部。

（二）机制

工会新闻宣传实行归口管理制度，各级工会宣传教育部门（新闻中心）是向媒体发布本级工会新闻的唯一出口，是媒体与本级工会对接的唯一入口。全国总工会建立工会媒体协调联动机制，定期发布宣传要点，加大“中央厨房”内容供给，加强信息交流和内容互推，做到快速协同响应。联合开展主题宣传策划，组织主题采访、系列报道、专题活动等，形成宣传合力。省级以上总工会应建立健全新闻发言人制度，设立新闻发言人，积极主动回应职工关切，发布工作必须严格按程序报批。

（三）载体

可分为工会媒体和工会系统外媒体。工会媒体包括工会报刊、网站等传统媒体及新媒体，工会系统外媒体包括主流媒体和互联网商业平台。各级工会应在保持工会传统媒体优势的基础上，持续做好媒体融合、做强新媒体，推进工会媒体系统性变革，充分发挥“职工之家”APP宣传新优势，持续加强与主流媒体和互联网商业平台沟通协作。

第四节 舆情工作

一、目标要求

加强涉工舆情监测和应对，推动落实主体责任、推动从源头解决问题，牢牢掌握舆论场主动权和主导权，让工会组织和职工群众的正能量始终充盈网络空间。

二、工作内容

（一）强化舆情监测

建立健全舆情监测研判机制，借助专业机构力量，常态化做好涉工舆情监测，做到早发现、早报告，特别是要强化涉及工会重点工作、重大时间节点等敏感内容监测，及时提示预警，为推动问题解决提供先机。

（二）科学应对舆情

按照有关要求，对涉及地方的政务舆情，按照属地管理、分级负责、谁主管谁负责的原则进行回应，涉事责任部门是第一责任主体。对于涉及工会的舆情，根据舆情产生的原因分类应对、科学处置。坚持以事实为依据，不能越俎代庖、妄下结论，参与“舆论审判”；同时避免“舆情洁癖”，正视网民的议论甚至批评，把网民善意的批评作为改进工作的参考。

（三）加强网上正面宣传

网上宣传工作必须牢牢坚持党性原则，坚持马克思主义新闻观，坚持正确舆论导向，坚持正面宣传为主。要发挥网络特色和优势，推进网上宣传理念、内容、形式、方法、手段等创新，切实提升吸引力、感染力、影响力。

三、组织实施

（一）机构

工会舆情工作由全总宣传教育部、社会联络部共同参与。

（二）机制

把舆情工作作为落实意识形态工作责任制的重要抓手，按照工会宣传引导、舆情处置相关机制开展工作。优化舆情直报平台，以数智化赋能舆情工作机制完善和落实。

（三）载体

1. 坚持舆情闭环管理。加强与专业舆情监测机构的合作，通过舆情日报、周报、月报，以及专题报告等形式，形成舆情监测、研判、处置、报告和反馈闭环，推动解决实际问题，防范化解舆情风险。

2. 加快推进媒体融合。加强工会媒体统筹策划、资源整合，建成完善全国工会融媒平台，做强工会网上宣传主要阵地，在网上亮出工会旗帜、发出工会声音。

3. 创新开展网上主题宣传活动。创新实施职工群众思想政治引领建设工程，打造"中国工人大思政课"，深入开展"中国梦·劳动美"主题宣传教育，持续开展"网聚职工正能量 争做中国好网民"主题活动，举办全国职工线上健身运动等各类文体活动，切实走好网上群众路线。

4. 壮大网上"朋友圈"。加强与头部社交媒体平台沟通合作，在重要时间节点强化议题设置，广泛征集反映工会组织担当作为和职工群众先进典型的网络文化作品，引导职工网民积极参与网上正能量传播。组建工会网络宣传志愿者队伍，加强对职工网络达人的培训扶持，指导他们运用"网言网语"和网民喜闻乐见的方式讲好工会故事、职工故事。主动团结网络名人，邀请正能量网络名人参与工会的各类活动，探索与垂类网络名人工作室、MCN 机构（Multi-Channel Network，多频道网络）的宣传合作，最大范围争取人心，构建网上网下同心圆。

第八章　产业工人队伍建设改革

产业工人队伍建设改革是习近平总书记亲自谋划、亲自部署、亲自指导的重大改革，是党和国家一项具有战略性、全局性的重大决策部署，是工会工作的重要内容。本章包括产业工人队伍建设改革历程、目标任务、工作机制和组织实施等内容。

第一节　背景

一、含义

产业工人是产业体系中从事集体生产劳动、以工资收入为主要生活来源的劳动者，包括第一产业的农业，林业，畜牧业，渔业；第二产业的采矿业，制造业，建筑业，电力、热力、燃气及水生产和供应业；第三产业的研发设计与其他技术服务，货物运输、通用航空生产、仓储和邮政快递服务，信息服务，节能与环保服务，批发与贸易经纪代理服务，生产性支持服务等生产性服务业中的劳动者。产业工人是工人阶级的主体力量，是创造社会财富的中坚力量，是实施创新驱动发展战略、加快建设制造强国的骨干力量。

二、历程

2016 年 8 月，中央全面深化改革领导小组办公室下发通知，要求由全国总工会牵头，会同国家发展改革委、教育部、工业和信息化部、人力资源社会保障部等部门，就产业工人队伍建设改革方案进行研究。2017 年 2 月 6 日，习近平总书记主持召开中央全面深化改革领导小组第三十二次会议，审议通过《中共中央 国务院新时期产业工人队伍建设改革方案》(简称《改革方案》)。2017 年 4 月，中共中央、国务院印发《改革方案》。落实《改革方案》要求，全国总工会认真履行牵头抓总职责，各地方各单位积极落实分工任务，着力加强组织领导、完善工作机制、健全制度体系、落实重点举措，推动改革取得重要阶段性成效。

随着形势的发展变化，产业工人队伍建设还存在一些体制机制障碍，相关法律法规政策需要进一步完善落实，特别是新技术新业态快速发展给制造业产业工人队伍稳定带来新挑战。为进一步推动产业工人队伍建设改革走深走实，2024 年 10 月，《中共中央 国务院关于深化产业工人队伍建设改革的意见》印发，以更有力的改革举措、更强大的政策合力破解难题，进一步增强产业工人的成就感获得感幸福感，激发产业工人的劳动热情和创造潜能。

三、依据

(一)《中共中央 国务院新时期产业工人队伍建设改革方案》

《中共中央 国务院新时期产业工人队伍建设改革方案》明确了推进产业工人队伍建设改革的指导思想、基本原则、目标任务、主要举措和组织实施，提出“政治上保证、制度上落实、素质上提高、权益上维护”的总体思路，围绕造就一支有理想守信念、懂技术会创新、敢担当讲奉献的宏大的产业工人队伍，提出加强和改进产业工人队伍思想政治建设、构建产业工人技能形成体系、运用互联网促进产业工人队伍建设、创新产业工人发展制度、强化产业工人队伍建设支撑保障等 5 个方面 25 条改革任务。

(二)《中共中央 国务院关于深化产业工人队伍建设改革的意见》

《中共中央 国务院关于深化产业工人队伍建设改革的意见》深入贯彻习近平

总书记关于产业工人队伍建设改革的重要指示精神，与党的二十届三中全会精神对标对表，在全面总结近年来改革经验基础上，针对产业工人队伍建设难题、产业变革新趋势、产业工人队伍结构变化新挑战，坚持系统观念、问题导向、守正创新，注重保持改革举措连续性，注重体制机制创新，聚焦建设一流产业技术工人队伍，提出强化思想政治引领、保障产业工人主人翁地位、完善产业工人技能形成体系、健全职业发展体系、维护劳动经济权益、发挥产业工人主力军作用、壮大产业工人队伍等 9 个方面 27 条举措。

第二节　内容

一、目标任务

（一）主要目标

产业工人队伍建设改革的主要目标是通过深化改革，思想政治引领更加扎实，产业工人听党话、跟党走的信念更加坚定，干事创业的激情动力更加高涨，主人翁地位更加显著，成就感、获得感、幸福感进一步增强；劳动光荣、技能宝贵、创造伟大的时代风尚更加鲜明；产业工人综合素质明显提升，大国工匠、高技能人才不断涌现，知识型技能型创新型产业工人队伍不断壮大。力争到 2035 年，培养造就 2000 名左右大国工匠、1 万名左右省级工匠、5 万名左右市级工匠，以培养更多大国工匠和各级工匠人才为引领，带动一流产业技术工人队伍建设，为以中国式现代化全面推进强国建设、民族复兴伟业提供有力人才保障和技能支撑。

（二）重点任务

1. 强化思想政治引领，团结引导产业工人坚定不移听党话、跟党走。

2. 发展全过程人民民主，保障产业工人主人翁地位。

3. 适应新型工业化发展需求，完善产业工人技能形成体系。

4. 健全职业发展体系，促进产业工人成长成才。

5. 维护劳动经济权益，增强产业工人成就感获得感幸福感。

6. 搭建建功立业平台，发挥产业工人主力军作用。

7. 壮大产业工人队伍，不断巩固党长期执政的阶级基础和群众基础。

8. 加强组织领导，合力推进产业工人队伍建设改革。

二、工作机制

为进一步发挥推进产业工人队伍建设改革协调小组作用，2025 年 1 月，协调小组印发《推进产业工人队伍建设改革协调小组工作规则》《推进产业工人队伍建设改革协调小组办公室工作规则》，从统筹协调机制、督促检查机制、培训交流机制、分类指导机制、典型带动机制等方面予以完善，推动产业工人队伍建设改革走深走实。

（一）统筹协调机制

1. 定期研究。协调小组原则上每季度召开 1 次协调小组会议，由协调小组组长召集，协调小组成员、联络员参加，通报工作进展，研究存在问题，部署工作。协调小组每月汇总上月重点工作进展和下月重点工作计划，形成工作月报。适时召开联络员会议，由协调小组副组长召集，开展工作沟通交流，推动落实协调小组确定的工作任务。

2. 请示报告。协调小组工作月报、年度工作报告、重大会议纪要等工作情况，报中央全面深化改革委员会办公室和全国总工会主席，抄送协调小组各组成单位。重大事项及时向中共中央请示和报告。

3. 政策协调。协调小组推动组成单位在研究出台涉及产业工人队伍的政策举措时，加强事前沟通协商，确保政策衔接、联动。

4. 项目合作。协调小组支持并协同组成单位围绕《中共中央 国务院新时期产业工人队伍建设改革方案》《中共中央 国务院关于深化产业工人队伍建设改革的意见》提出的重点任务开展联合调研、项目合作等，凝聚工作合力。

（二）督促检查机制

1. 按照中共中央部署要求，以协调小组名义，对各省级产业工人队伍建设改革组织推进机构工作情况进行督促检查。督查结果报中央改革办和全国总工会主席，抄送协调小组组成单位。协调小组办公室负责组织实施。

2. 协调小组推动全国人大有关方面，将产业工人队伍建设改革情况纳入全国人大执法检查工作重点内容。

3. 协调小组推动落实《关于充分发挥国有企业在推进产业工人队伍建设改革中带动作用的意见》，将产业工人队伍建设改革纳入国有企业党建考核。

4. 协调小组成员单位按照有关规定，把推进产业工人队伍建设改革情况纳入本系统、本单位相关督查内容。

（三）培训交流机制

1. 协调小组定期组织协调小组联络员、省级产业工人队伍建设改革组织推进机构组成单位负责同志，围绕深化产业工人队伍建设改革进行专题培训。

2. 组成单位组织本单位、本系统产业工人队伍建设改革工作培训。

3. 协调小组及时总结梳理各地、各部门经验做法，召开全国深化产业工人队伍建设改革经验交流会，借助主流媒体和新兴媒体平台，广泛宣传报道产业工人队伍建设改革进展和成效。

4. 协调小组每两周编辑一期《推进产业工人队伍建设改革协调小组专报》，刊发推进产业工人队伍建设改革有关经验做法、重大课题调研成果等。

5. 全国总工会数智化服务平台“职工之家”APP 开设产业工人队伍建设改革专区，及时发布中央和地方相关政策文件、创新案例、工作动态等。

（四）分类指导机制

1. 针对高技能领军人才，通过完善工资正常增长机制，拓宽收入渠道，加强作用发挥，强化评价使用激励，优化社会环境，全面提高其待遇和保障水平。

2. 针对技术工人，通过加大培养培训力度，完善技术工人培养、评价、使用、激励、保障等措施，实现多劳者多得、技高者多得，激发技术工人的积极性、主动性、创造性。

3. 针对农民工，通过保障农民工合法权益、提升农民工学历与能力等措施，将农民工培养成合格产业工人，提高农民工的政治经济社会待遇，促进农民工融入城市稳定就业，平等享受城镇基本公共服务。

（五）典型带动机制

1. 培育典型。在重点行业、龙头企业中选树一批在技能提升、技术创新、权益保障等方面成效显著的单位和个人，作为典型加以培育。

2. 加强典型经验的总结与推广。通过举办经验交流会、现场观摩会等形式，将典型单位的先进做法系统化、标准化，形成可复制可推广的改革经验。

3. 加大宣传力度。利用媒体平台广泛宣传，扩大典型的影响力，并大力推广应用。

三、组织实施

（一）推进产业工人队伍建设改革协调小组及其办公室

协调小组由全国总工会牵头，成员单位、参与单位有关负责同志组成。目前成员单位包括中央组织部、国家发展改革委、教育部、工业和信息化部、财政部、人力资源社会保障部、国务院国资委和全国总工会等 8 家单位。参与单位包括中央宣传部、中央统战部、中央对外联络部、中央社会工作部、中央网信办、中央党校（国家行政学院）、共青团中央、全国妇联、中国文联、中国作协、全国工商联、全国人大社会委、全国人大常委会法工委、全国人大常委会代表工委、全国政协办公厅、科技部、司法部、商务部、文化和旅游部、国家卫生健康委、应急管理部、国家税务总局、国家广播电视总局、国家统计局、中国社会科学院、中国企联 / 企业家协会等 26 家单位。

协调小组设组长 1 名、副组长 1 名。组长由全国总工会党组书记担任，副组长由全国总工会分管产业工人队伍建设改革的党组、书记处领导同志担任，成员由成员单位各选派 1 名分管领导担任，联络员由成员单位、参与单位各选派 1 名司局级干部担任。协调小组设办公室，承担协调小组日常工作。办公室设在全国总工会，办公室主任由全国总工会分管领导兼任，成员由全国总工会相关部门主要负责同志担任。协调小组定期召开会议，通报产业工人队伍建设改革工作进展，研究存在问题，部署下一步工作。对产业工人队伍建设改革开展宏观指导、政策协同、项目合作、组织推进、督促检查、理论政策研究。组织开展产业工人队伍建设改革经验交流、专题培训和宣传报道工作。按照党中央部署要求，在按程序报批后，组织实施以协调小组名义开展的督查。开展产业工人队伍数据统计分析，建立统计、调查、监测体系，全面准确掌握相关情况，及时发现和解决突出问题。

（二）全总推进产业工人队伍建设改革工作领导小组

2021 年 6 月，成立全总推进产业工人队伍建设改革工作领导小组，由全总党组书记任组长，分管领导任副组长。目前全总推进产业工人队伍建设改革工作领导小组相关工作职责划入推进产业工人队伍建设改革协调小组，日常办事机构仍设在全总劳动和经济工作部。

（三）各地推进产业工人队伍建设改革组织领导机构

改革启动后，各地工会认真履行牵头抓总职责，积极推动当地成立推进产业工人队伍建设改革协调领导机构，统筹推进各项工作。有的省份产业工人队伍建设改革协调（领导）小组由省委副书记或者党委常委任组长，有的由党委常委或省级领导担任召集人，定期召开联席会议，统筹部署产业工人队伍建设改革工作。

第九章　职工建功立业

组织职工开展建功立业活动，是工会组织围绕推动国家经济建设开展的生产竞赛、创新竞赛、技能提升等活动的统称，目的是激发职工的积极性、主动性、创造性，发挥工人阶级主力军作用。本章包括劳动和技能竞赛、职工创新创造、培养选树劳模工匠、职业教育和职业培训等内容。

第一节　劳动和技能竞赛

一、目标要求

劳动和技能竞赛是工会组织开展的旨在激发职工主人翁精神、调动职工积极性、团结动员职工投身国家经济建设的一系列竞赛活动。我国的劳动竞赛始于 20 世纪 30 年代，通过组织开展竞赛，提升职工技能素质，攻克技术难关、解决“卡脖子”难题，提高企业生产经营服务运行效率、增强企业竞争力，激发职工群众劳动热情和创造潜能，促进职工成长成才和经济社会高质量发展。

二、工作内容

（一）全国引领性劳动和技能竞赛

全国引领性劳动和技能竞赛是围绕国家重大战略、重大工程、重大项目、重点产业，在全国层面具有较大影响力、较强示范性的全国性竞赛活动，目前已在推动振兴实体经济、推进重大基础设施建设、打造数字经济、促进绿色低碳发展、支持首台（套）重大技术装备研发制造以及攻破“卡脖子”技术难题等方面进行了积极的探索。2021 年，全国总工会印发《关于深入开展“十四五”全国引领性劳动和技能竞赛的通知》，将 127 项在全国层面影响力较大、引领性较强的竞赛项目纳入“十四五”全国引领性劳动和技能竞赛项目库，实施项目化管理。

（二）行业性劳动和技能竞赛

行业性劳动和技能竞赛是以产业工会组织为主，围绕企业生产实际和重点产业行业高质量发展需要，组织产业聚集、行业相近的各企业主体及职工群众参与的竞赛活动。多年以来，围绕培育和发展新质生产力、实体经济与数字经济发展及其融合、加快生产性服务业发展等重点领域，在推动核心基础零部件、关键基础材料、先进基础工艺、产业技术基础突破等领域形成了一系列行业品牌赛。

（三）区域性劳动和技能竞赛

区域性劳动和技能竞赛是围绕促进区域协调发展，由区域内各省级工会联合开展的竞赛活动。一般情况下，区域所涉及的省级工会建立竞赛联动机制，同步启动、共同实施、协同推进。各地工会可按年度、按阶段轮值牵头举办，也可协商指定固定牵头单位。目前较为成熟的区域性劳动和技能竞赛有北京、天津、河北三地的京津冀协同发展竞赛，上海等三省一市的长三角一体化发展竞赛等。

（四）非公企业劳动和技能竞赛

非公企业劳动和技能竞赛是由地方工会、园区工会或企业工会主办，主要开展岗位练兵、技术比武、“五小”、合理化建议等活动。工会对国有改制或规模以上、已建工会的非公企业，要求进一步提高工作实效，发挥示范带动作用；对工作基础薄弱的中小微企业和新建会非公企业，通过现场推进、建立联系点、派出指导员等方式跟进指导。探索发挥产业园区、经济带的聚合作用，开展企业间的夺标竞赛、技能竞赛。

（五）职工职业技能竞赛

职工职业技能竞赛是工会组织依据国家职业技能标准，结合企事业单位生产和经营工作实际，开展的以提升职工操作技能和解决实际问题能力为重点的群众性竞赛活动。全国总工会自 2003 年以来，联合人力资源社会保障部、科学技术部、工业和信息化部等部门，已连续举办 8 届全国职工职业技能大赛，联合有关部委共同主办国家级一类职业技能竞赛 46 项、二类职业技能竞赛 300 余项，形成了以全国职工职业技能大赛为引领、各全国产业工会和地方总工会职工职业技能竞赛为主体的竞赛体系。

（六）班组建设和班组竞赛

班组建设是企业通过系统性举措将基层班组打造为企业核心功能单元的管理实践。班组竞赛由工会组织牵头，以创建“工人先锋号”为目的，将班组建设目标转化为可量化的竞赛指标，在班组内部、班组间，围绕安全生产、提升质量、创新技术和降耗增效等方面开展“比学赶帮超”的竞赛活动。2024 年，全国总工会首次举办了全国班组长大赛，全国 65 万名班组长在线学习、在线比拼。

三、组织实施

（一）机构

各行各业各类竞赛均需成立组织机构即竞赛委员会。竞赛委员会可在同级工会（劳动和经济工作部）下设日常办事机构。一般情况下，全国引领性劳动和技能竞赛成立以全国总工会、省级工会、全国产业工会或中央（国有）企业领导为主任的竞赛委员会，行业性劳动和技能竞赛成立以产业工会领导为主任的竞赛委员会；区域性劳动和技能竞赛成立以覆盖区域的省级工会领导为主任的竞赛委员会；非公企业劳动和技能竞赛成立以公司领导为主任的竞赛委员会。委员由相关参赛单位党政工负责人、分管竞赛工作的领导及有关部门负责人组成。

（二）机制

各行各业各类竞赛可建立定期会商、检查考核、奖励、信息反馈等工作制度。赛前，需拟定竞赛方案，确定竞赛目标。通过召开启动仪式、现场会和发文等方式启动竞赛，进行动员部署，赛中及时进行过程管理，赛后总结经验，选树典型，扩大竞赛效果。

（三）载体

不同的竞赛活动有不同的载体。在围绕国家重大战略方面，全国总工会推动开展京津冀协同发展竞赛、江浙沪皖高质量一体化发展竞赛、黄河流域生态保护和高质量发展劳动和技能竞赛；在围绕国家重大工程和重大项目方面，指导在粤港澳大湾区重点工程、长江大保护项目建设、“一带一路”海外建设项目、西部陆海新通道建设中开展劳动竞赛；在围绕重点产业方面，全国总工会创新举办首届全国光伏产业劳动和技能竞赛、首届全国职工数字化应用技术技能大赛两项国家级赛事。

第二节　职工创新创造

一、目标要求

职工创新创造是国家创新体系的重要组成部分。工会通过组织职工踊跃参加面向生产全过程的技术革新、技术创新、技术攻关、技术创造和“五小”等群众性创新创造活动，引导和支持大国工匠、高技能人才参与企业重大技术革新、科技攻关项目，广泛开展职工技术创新成果展示、交流、转化活动，推动职工创新成果转化为现实生产力，引导广大职工立足岗位、锐意创新、勇于创造，在以中国式现代化全面推进强国建设、民族复兴伟业新征程中更好发挥主力军作用。

二、工作内容

（一）全国职工优秀技术创新成果交流活动

全国职工优秀技术创新成果交流活动是工会工作的重要品牌，每 3 年举办一届。自 2004 年起，全国总工会、科学技术部、工业和信息化部、人力资源社会保障部先后联合举办了 4 届全国职工优秀技术创新成果评选表彰活动；2018 年以来，四部门又联合举办了 3 届全国职工优秀技术创新成果交流活动，共有 586 项成果获奖，成为全国总工会推荐参评国家科技类奖项的重要基础，极大地激发了职工的创新潜能和创造活力。

（二）国家科技类奖项推荐

推荐技术工人荣获国家科学技术进步奖。国家科学技术进步奖授予在技术研究、技术开发、技术创新、推广应用先进科学技术成果、促进高新技术产业化，以及完成重大科学技术工程、计划项目等方面作出突出贡献的公民和组织。国家科技奖励工作办公室此前专门设置工人农民技术创新组，2023 年改设高技能人才技术创新组。2006—2023 年，经由全国总工会推荐荣获国家科技进步奖二等奖的技术工人已达 21 名。

推荐职工参评全国创新争先奖。全国创新争先奖每 3 年评选表彰一次，是国家科技奖励体系的重要组成部分。全国总工会推荐的 4 名技术工人荣获全国创新争先奖状。

推荐职工创新成果参评中国专利奖。中国专利奖是国家级表彰奖励，是知识产权领域的最高奖项。2017 年起，全国总工会正式成为中国专利奖的推荐单位，每年可推荐 10 个专利项目。截至第二十四届中国专利奖，在全国总工会推荐的一线职工专利中，有 1 项获得中国专利奖金奖、2 项获得银奖、39 项获得优秀奖。全国总工会先后获得第十九届中国专利奖最佳组织奖、第二十一届中国专利奖优秀组织奖。

（三）“四技五小两比”活动

“四技五小两比”活动是工会多年来持续开展的职工创新创造活动，“四技”是指技术革新、技术创新、技术攻关、技术创造；“五小”是指小发明、小创造、小革新、小设计、小建议；“两比”是指岗位练兵、技术比武。2019 年，全国总工会印发《关于广泛深入持久开展“五小”活动的指导意见》，各级工会按照“注重岗位创新、解决一线问题、增强创新能力，扩大覆盖面、提高参与度”的总体要求，组织广大职工围绕生产经营重点和难点开展群众性创新创造活动，对引导职工参与“五小”活动、组织地区（产业行业）“五小”成果竞赛等方式进行创新实践，逐渐打通成果申报、成果交流、成果转化的路径。

三、组织实施

（一）机构

在创新成果遴选、推荐参评奖项工作中，全国总工会联合有关部门组成工作机构，指导各级工会形成地方机构。如在全国职工优秀技术创新成果交流活动中，成立由全国总工会、科学技术部、工业和信息化部、人力资源社会保障部有关领导组成的组委会。组委会主任由全总党组书记担任，副主任分别由 4 部门分管此项工作的副部级领导同志担任，委员由 4 部门负责此项工作的司局级领导同志担任。组委会办公室设在全总劳动和经济工作部，由 4 部门相关工作人员组成。办公室主任由全总劳动和经济工作部主要负责同志担任，4 部门各派 1 名负责此项工作的处级干部担任办公室成员。

（二）机制

职工创新成果遴选、推荐参评奖项等，由全国总工会下发通知，对创新成果的申报条件、申报范围提出明确要求。在评审推荐过程中，职工自愿申报，各省（区、市）总工会、各全国产业工会筛选优秀项目成果进行推荐，全国总工会进行形式审查，组织专家评审，开展答辩、实地考察、辅导等工作，对评审结果进行公示。

“五小”活动由全国总工会下发活动通知，各省（区、市）总工会和各全国产业工会组织发动职工进行活动成果申报，全国总工会对申报材料进行形式审查，组织专家评审出入围成果并在“职工之家”APP进行线上展示，同时组织专家对入围成果进行评审，并对评审结果进行公示。

（三）载体

全国总工会遴选优秀创新成果，结合工会数智化建设，依托“工会服务职工创新创造云”和“职工之家”APP展开，实现项目网上申报、工会组织网上筛选、专家网上评审、网上公示，利用网络平台实现评审全过程、透明化管理，提高工作效率，确保公平公正。

第三节　培养选树劳模工匠

一、目标要求

劳动模范和先进工作者（简称劳模）是经党和政府以及工会组织依据规定程序评选认定，对经济社会发展作出突出贡献并发挥示范引领作用的劳动者。劳动模范称号一般授予企业职工、农民和其他社会主义建设者，先进工作者称号一般授予机关和事业单位职工。工匠是具备高超技艺与精湛技能，通过持续创新推动产品、技术升级的高技能劳动者。培养选树劳模工匠，目的是大力弘扬劳模精神、劳动精神、工匠精神，激励全国各族人民用劳模工匠的先进事迹鞭策自己，以更加饱满的热情、更加顽强的奋斗、更加智慧的创造，投身强国建设、民族复兴伟业。2024年全国总工会启动了大国工匠人才培育工程，着力培养更多大国工匠和各级工匠人才，带动一流产业技术工人队伍建设。

二、工作内容

（一）劳模和五一劳动奖评选表彰

全国劳动模范和先进工作者评选表彰以中共中央、国务院的名义开展，属于国家级表彰奖励。全国五一劳动奖（包括全国五一劳动奖状、全国五一劳动奖章、全国工人先锋号、全国五一巾帼标兵、全国五一巾帼标兵岗）评选表彰由全国总工会开展，属于省部级表彰奖励。全国劳模和全国五一劳动奖的评选表彰对象是在社会主义经济建设、政治建设、文化建设、社会建设、生态文明建设和党的建设等方面作出重大贡献，取得突出成绩的个人和集体（全国劳模只表彰个人）。

推荐评选坚持面向基层、面向一线、面向普通劳动者。

1. 制定方案。明确表彰规模、推荐条件、表彰程序等事项。

2. 民主推荐。经所在单位民主推荐，由职工代表大会、村民代表大会等审议通过。

3. “两审三公示”。对推荐对象进行初审和复审两次审查，所在单位、省级、全国进行三级公示。

4. 征求意见。推荐人选按照不同类别征求公安、纪检监察、组织人事、审计、统战等有关部门意见。

5. 报审表彰。将建议表彰对象报党中央（全国劳模）、全国总工会党组（全国五一劳动奖）审定，发布表彰决定。

6. 召开表彰大会。一般在“五一”国际劳动节前夕召开表彰大会。

（二）工匠人才培育选树

1. 基本条件：大国工匠培育对象，要有 7 年以上生产现场工作经历，坚守在一线岗位，在大国工匠卓越能力，即引领力、成就力、创新力、专注力、传承力上具备明显发展潜力。省级工匠培育对象，要有 5 年以上生产现场工作经历，坚守在一线岗位，在“工匠五力”上具备较好发展潜力。市级工匠培育对象，在一线岗位工作，在“工匠五力”上具备一定发展潜力。

2. 遴选程序：（1）制发遴选通知。（2）按照属地管理和行业归口原则择优推荐。（3）开展推荐人选审查和评审工作。（4）公布入选培育对象名单。

3. 培育措施：（1）构建培育单位、推荐单位、企业三级全链条一体化培育模式。（2）开展系统培训，举办工匠人才培训营，建立“测—学—践—评”培训体系。（3）组织学习交流，支持培育对象参加研修班等培训项目，定期举办创新交流活动。（4）充分发挥培育对象示范引领作用。（5）加强巾帼工匠培养。

（三）劳模工匠服务管理

1. 做好劳模工匠的联系慰问和教育培养。定期走访、慰问劳模工匠，及时提供有效服务。做好劳模来信、来访接待工作。组织劳模进行技术技能培训，选送有条件的劳模学习深造。推荐劳模工匠参加劳模本科班、研究生班。

2. 关心关爱劳模工匠。管理发放全国劳模专项补助资金，做好节日走访慰问、健康体检、发放荣誉津贴、困难帮扶等工作。组织开展劳模工匠疗休养活动。

3. 做好劳模工匠日常管理。建立管理档案，实施动态管理。

4. 劳模和全国五一劳动奖的撤销。对有严重违法违纪行为、影响恶劣的，或者隐瞒情况、弄虚作假骗取荣誉的，按规定程序撤销其所获荣誉。

（四）“劳模工匠助企行”

“劳模工匠助企行”专项行动是全国总工会指导各级工会组织引导劳模和工匠人才组建劳模工匠技术服务队，重点为中小企业开展技术帮扶、技能培训、“师带徒”等技术服务的专项行动，为劳模工匠发挥作用搭建平台、创造条件。2023 年 7 月，“劳模工匠助企行”专项行动在第二届大国工匠创新交流大会暨大国工匠论坛上正式启动。全国总工会选择上海、江苏、浙江、福建、广东等 5 个省（市）开展试点工作，试点结束后在全国范围内推开。截至 2024 年底，各试点地区累计组织劳模工匠开展活动 1.9 万次，解决技术问题 3.3 万个，帮助职工提升技能水平 39.9 万人次。

（五）劳模工匠创新工作室

劳模工匠创新工作室是由具有较强技术能力、业务能力、创新能力和管理能力的劳模、工匠人才领衔，以技术创新、管理创新、服务创新和制度创新为主要内容，以解决工作现场难题、推动所在单位创新发展为目标的群众性创新活动团体。全国劳模工匠创新工作室创建条件：原则上以 1 名有专长且具有较高技能水平的工匠人才为领衔组成创新团队；已有效运行 3 年以上，以相对固定的团队协作模式开展技术创新和技能培训；具有相对固定的活动场所、基本的设备设施、明确的技术攻关课题和创新目标；具有较强的创新和攻关能力，取得创新成果，产生显著经济和社会效益；能充分发挥示范引领、集智创新、协同攻关、传承技能等功能作用。注重推动规范巾帼工匠创新工作室及联盟建设。2014 年以来共创建命名 3 批 297 家全国示范性创新工作室。截至 2024 年底，全国已创建各级各类创新工作室 13 万家。

三、组织实施

（一）机构

全国劳模表彰在党和国家功勋荣誉表彰工作委员会的领导、党和国家功勋荣誉表彰工作委员会办公室（简称功勋办）的统筹协调下，由全国总工会会同人力资源社会保障部、中央统战部组织实施。全国五一劳动奖评审表彰工作领导小组负责全国五一劳动奖评审表彰工作，办公室设在全国总工会劳动和经济工作部。劳模工匠的服务、管理、作用发挥等工作按照分级负责、属地管理的原则，由各级工会设专门机构或指定专人具体负责。

（二）机制

劳模工匠的培养、选树、评选、表彰、宣传、管理、服务等工作形成劳模工匠的一条龙工作机制。全国总工会出台了《全国五一劳动奖状、全国五一劳动奖章、全国工人先锋号评选管理工作办法》，对荣誉的授予、奖励和待遇、管理、撤销等进行规范；《全国劳模专项补助资金发放管理办法》《关于进一步加强和规范劳模疗休养工作的意见》等对劳模慰问、健康体检、困难帮扶、疗休养等进行了规定。《工匠人才培育工程实施办法》《“大国工匠”激励保障专项资金管理办法（试行）》明确了大国工匠人才培育和激励保障机制。

（三）载体

1. 一般在逢 5 年、逢 10 年的“五一”国际劳动节前夕，召开全国劳动模范和先进工作者表彰大会。

2. 除召开全国劳模表彰大会的年份外，每年“五一”国际劳动节前夕进行全国五一劳动奖的评选表彰。

3. 每两年举办一次大国工匠创新交流大会暨大国工匠论坛，同时举办巾帼工匠分论坛。

4. 依托高等院校、职业院校、工匠学院以及大型企业举办“工匠人才培训营”，建设创新工作室联盟，开展各级创新工作室展示交流活动，为劳模工匠发挥示范引领作用、提升素养搭建平台。

第四节　职业教育和职业培训

一、目标要求

开展职业教育和职业培训是深化产业工人队伍建设改革，建设知识型、技能型、创新型劳动者大军，推动科教兴国战略、人才强国战略、创新驱动发展战略、制造强国战略的具体举措。《中共中央 国务院关于深化产业工人队伍建设改革的意见》指出，通过深化产业工人队伍建设改革，产业工人综合素质明显提升，大国工匠、高技能人才不断涌现，知识型、技能型、创新型产业工人队伍不断壮大；适应新型工业化发展需求，完善产业工人技能形成体系，构建以企业为主体、职业学校为基础，政府推动、社会支持、工会参与的技能人才培养体系。

二、工作内容

（一）“1+1+N”工匠学院体系建设

2024 年 4 月，全国总工会办公厅印发《“1+1+N”工匠学院体系建设三年行动方案（2024—2026 年）》。“1+1+N”工匠学院体系，即建设 1 家全国工匠学院、1 家全国网上工匠学院、N 家全国总工会重点支持的工匠学院。主要目标是，到 2026 年基本建成覆盖全国、服务职工群众、工会特色明显、技术技能培训能力突出、工匠人才培育成效显著的“1+1+N”工匠学院体系，建设 500 家全国总工会重点支持的工匠学院。其中，2024 年建设 100 家，2025 年建设 200 家，2026 年建设 200 家。全国总工会设立了工匠学院补助资金，对全国总工会重点支持的工匠学院每家补助 100 万元。

近年来，各省（区、市）总工会、各全国产业工会通过自建、与企业共建、与职业院校（高校、技工院校）联合办学、依托劳模工匠创新工作室、建设线上平台等多种方式，开展了工匠学院建设工作。

（二）求学圆梦行动

2016 年，教育部和全国总工会联合印发《农民工学历与能力提升行动计划——“求学圆梦行动”实施方案》。2019 年起，全国总工会每年投入 1000 万元农民工“求学圆梦行动”专项扶持资金进行示范引领，截至 2024 年 6 月，各级工会累计投入 11.17 亿元专项资金，完成 240 多万名农民工学历与能力提升的目标任务。随着产业工人队伍建设改革的深入推进，各级工会不断扩大行动覆盖面，从农民工向一线产业工人拓展。2022 年以来，全国总工会在重庆市总工会及中国中车集团常州铁道职业技术学院开展了产业工人学历与能力提升试点工作。

2024 年 10 月，《中共中央 国务院关于深化产业工人队伍建设改革的意见》明确提出“促进产业工人知识更新和学历提升”“围绕产业转型升级，加强对农民工的技能培训，广泛实施求学圆梦行动”。为贯彻落实这一意见，2025 年 4 月，全国总工会联合教育部、人力资源社会保障部、全国工商联等部门印发了《关于广泛实施求学圆梦行动 推进产业工人学历与能力提升的意见》，实施对象从农民工扩大到产业工人，加大扶持力度；整合政府、工会、企业、学校、社会等多方资源，形成政策合力；通过深化职业教育改革，创新人才培养模式，增加优质教育资源供给；通过推动学习成果认证与转换、鼓励企业深度参与等创新举措，让产业工人学有所得。推动设立求学圆梦公益基金，推进产业工人学历与能力提升。

（三）工匠人才出国（境）培训

2019 年 2 月，全国总工会与科学技术部签署合作协议，联合开展为期 5 年的高技能领军人才境外培训计划，2019 年组织两批赴德国、一批赴日本共计 75 人参加培训。2022 年 9 月以“智能制造与先进制造业”为主题组织境外（德国）线上培训，培训规模 110 人。2024 年全国总工会向国家外国专家局申报了“鲁班学艺——中国工匠人才出国（境）培训”项目，该项目被列入国家高技能人才出国培训专项。2024 年 10 月至 12 月，全国总工会以“智能制造与新型工业化”为主题，组织了 40 名中国工匠人才，分两期赴芬兰开展培训活动。境外培训搭建了国际学习交流平台，促进了工匠人才创新思路拓展和技能水平提升，激发了产业工人创新创造活力。

三、组织实施

（一）机构

各级工会加强组织领导，加大激励支持力度，积极争取人社、教育、工信等部门的支持，指导企业充分利用职工教育经费，广泛组织职工参加职业教育和职业培训。

（二）机制

体现工会特色，注重发挥劳模工匠作用，组建专业化工匠人才师资队伍。

注重发挥企业作用，聚焦满足企业技能人才需求，培养复合型技能人才。注重培育特色工种品牌，围绕区域发展战略，结合产业结构和企业发展方向，培育特色培训品牌。各级工会根据不同类型企业和职工需求进行分类指导，确保取得实际效果。

（三）载体

2020 年，建设完善“技能强国 – 全国产业工人学习社区”。2024 年在此基础上建设“工会服务职工技术技能云”，在“职工之家”APP 上线“技能学习”模块，充分运用人工智能、大数据等技术，推动职工群众共享共用技能学习课程。广大职工可在线参加网上练兵、线上比武、答题闯关等各类活动，学习劳模先进事迹，提升技术技能水平。

推动构建女职工数字技能学习培训服务体系。统筹指导各级工会女职工组织开展数字技能培训、区域性或行业性女职工数字技能竞赛等，强化女职工数字赋能。

第十章　维护职工权益

工会的基本职责是维护职工合法权益、竭诚服务职工群众。维护职工合法权益（简称维权）是工会组织坚持以职工为中心的工作导向、履行基本职责的重要内容，是发挥广大职工积极性、主动性、创造性最重要最基础的工作。本章包括劳动经济权益、民主政治权利和精神文化权益等内容。

第一节　劳动经济权益

一、目标要求

坚持以人民为中心的发展思想，贯彻落实党和国家关于保障和改善民生的政策，实现好、维护好、发展好广大职工的劳动就业、劳动报酬、社会保障、劳动安全健康等各项劳动经济权益，不断增强广大职工的获得感幸福感安全感。

二、工作内容

（一）就业服务

1. 源头参与。密切关注就业形势，加强与高校、专业机构合作，及时了解掌握重点行业、重点地区用人单位用工和职工劳动经济权益状况，积极参与就业相关政策制定，反映职工在就业方面存在的问题和意见建议。

2. 就业招聘。依托各级工会服务职工阵地、线上就业服务平台，组织开展各类专场、专区招聘活动，为劳动者和用人单位搭建对接平台，推动工会就业服务和线上平台进企业、进社区、进校园。

3. 区域协作。支持劳务输出地与输入地工会加强就业协作，重点开展珠三角、长三角、川渝、京津冀蒙、东北、新疆西藏和对口省（区、市）工会就业协作，促进劳动力有序流动，缓解就业结构性矛盾。

4. 就业培训。各地工会根据本地产业特色，围绕生产服务业、生活服务业和新质生产力领域，开展紧缺工种就业技能培训。以家政服务培训为重点，持续推进工会家政服务提质扩容。

5. 创业扶持。支持各省、区、市总工会打造职工创业孵化基地，重点扶持职工围绕生产服务业、生活服务业等项目开展创业。为创业职工提供创意孵化、创业指导、融资支持、资源对接等全链条服务。

6. 就业援助。聚焦转岗待岗职工、困难职工家庭成员等群体，开展“阳光就业”行动。依托“就业帮扶云”，建立实名档案，实施“一对一”精准就业援助，助力重点群体尽快实现就业。

（二）劳动报酬

参与深化收入分配制度改革，推动健全完善工资共同决定、合理增长和支付保障机制，推动职工工资水平不断提高。

1. 进一步重视最低工资工作。省级工会调研掌握低收入职工的家庭收支状况，在充分考虑当地经济发展水平、社会平均工资和消费价格指数等因素的基础上，主动提出本地区最低工资标准调整的意见和建议，积极推动最低工资标准适时合理调整；各级工会加强对最低工资标准执行情况的监督落实。

2. 推动建立和完善以工资集体协商制度为主要形式的企业工资决定机制。按照“市场机制调节，企业自主分配，职工民主参与，政府监控指导”的企业工资收入分配制度改革基本要求，推动企业通过工资集体协商合理决定职工工资水平。抓住工资增长、劳动定额、计件工资单价等职工最关心、反映最强烈的问题，提高工资集体协商的实效性；引导职工技能和创新要素参与企业收入分配，提升技术工人薪酬待遇，增加劳动者特别是一线劳动者劳动报酬。

3. 加强工资支付保障。常态化开展工会推动治理欠薪工作。强化法规政策教育宣传，配合政府有关部门加大执法力度，推动《劳动法》《劳动合同法》《保障农民工工资支付条例》的全面落实。加强对企业工资分配行为的监督检查，纠正单方面延长劳动时间、不依法支付加班工资、违反最低工资规定、拖欠工资等违法行为。

4. 协助解决争议。当职工与企业在工资问题上发生争议时，工会积极介入，提供法律咨询和援助，协助职工通过合法途径维护自己的工资权益。

（三）社会保障

1. 主要内容。

（1）参与国家有关职工社会保障方面政策法规的研究与制定，充分反映职工群众的意见、要求和建议。（2）开展调查研究，推动并监督有关职工社会保障方面政策法规的贯彻执行，并及时了解和掌握职工群众相关状况，提出相应的对策和建议。（3）发挥工会自身优势，通过多种形式和途径，帮助职工解决在社会保障方面的实际困难。

2. 重点和方向。

充分认识工会在促进社会保障制度完善中面临的新挑战，创新工作方法，积极探索新形势下工会参与社会保障实践的新路子。

从职工需求出发，推动有关社会保障体系的完善，积极关注渐进式延迟法定退休年龄背景下相关配套政策的出台、新就业形态劳动者职业伤害保障扩围等关乎职工群众的重点热点问题，推动《社会保险法》有关配套政策出台，解决部分领域政策真空和落实难的问题，切实维护职工社会保障权益。

进一步拓展渠道，推动在社会保险监督体系下的社会监督立法，完善和细化《社会保险法》规定的社会监督办法，有效发挥工会对社会保障政策法规的源头参与和监督检查工作，推动政策的完善和落实。

加强工会干部队伍建设。加大引进专业人才的力度，加强与政府有关部门、学校、研究院所的协作，加强对引进专业人员的再培养、再教育，逐步提高工会社会保障工作队伍的整体业务素质，切实提高工会参与社会保障制度改革的水平。

（四）安全生产

工会在维护职工劳动安全和职业健康权益中，履行源头参与、安全监督、宣传教育、事故调查处理等职责，广泛开展全国“安康杯”竞赛等群众性安全生产活动。

1. 源头参与。工会依法参与涉及职工安全健康权益的法律法规、政策标准的起草、制定和修订，为工会维护职工安全健康权益提供法律依据。

2. 安全监督。工会不是执法主体，在推动法律法规贯彻实施上主要着力点在于监督。

3. 宣传教育。对象是各级工会劳动保护干部和广大企业职工，目的是使广大工会劳动保护干部提高专业水平和维护职工安全健康权益的能力，使广大职工群众不断提高安全健康素质，做到自觉遵章守纪，最大限度地减少伤亡事故发生。

4. 事故调查处理。在生产安全事故调查过程中，工会在事故调查组统一领导下，在事故原因分析、责任单位和责任人员认定、吸取事故教训以及问题整改等方面，积极提出工会意见，维护职工合法权益。

5. 开展全国“安康杯”竞赛活动。1999 年起，全国总工会和国家经贸委在总结包头市总工会工作经验基础上，联合在全国开展“安康杯”竞赛活动，表彰生产安全状况好的优胜单位。随着部委机构改革，安全生产、职业健康的职责部门发生变化，现由全国总工会、应急管理部、国家卫生健康委等 3 家单位联合开展全国“安康杯”竞赛活动。2024 年底，党和国家功勋荣誉表彰委员会办公室批复同意全国“安康杯”竞赛活动表彰为全国总工会保留奖项，每两年表彰一次。

三、组织实施

（一）机构

全总权益保障部负责参与有关职工劳动就业、收入分配、社会保障政策和法律法规草案的研究、拟定；指导各级工会开展工会就业服务、最低工资标准调整、常态化开展工会推动治理欠薪、工资和社会保险调查研究等活动。全总劳动和经济工作部负责参与国家有关劳动安全卫生政策和法律法规的研究、拟定；指导地方工会开展群众性劳动安全卫生活动，对有关安全生产和职业病防治工作进行监督。

（二）机制

1. 积极发挥全国总工会作为国务院就业促进和劳动保护工作领导小组成员单位作用，参与劳动就业、收入分配、社会保障政策研究制定。

2. “普惠性 + 精准性”的工会就业服务体系。依托“工会服务职工就业帮扶云”平台整合各级工会就业服务资源，打造全国工会就业服务“一张网”。

3. 全总根治欠薪工作领导小组。领导小组每年至少召开一次会议，传达国务院根治拖欠农民工工资工作领导小组全体会议精神，总结本年度工会系统推动治理欠薪工作情况，分析研判全国治理欠薪总体形势，向各级工会部署治理欠薪冬季行动、两节期间治理欠薪等重点任务。常态化开展欠薪舆情线索核查、欠薪案件处置、典型案例发布、月度分析报告等工作。

4. 全总安全生产工作领导小组议事协调机制。领导小组每半年至少召开一次会议，研究工会安全生产工作，坚持“管行业必须管安全、管业务必须管安全、管生产经营必须管安全”的原则，明确全总本级各单位安全生产职责任务分工，把安全生产工作贯穿工会工作全链条、全过程、全要素。

5. 全国“安康杯”竞赛评选表彰机制。全国总工会、应急管理部、国家卫生健康委等单位联合开展全国“安康杯”竞赛活动，每两年联合下发一次活动通知、评选表彰一次。

（三）载体

1.“工会帮就业”行动。2024 年，全国总工会打造“工会帮就业”品牌，突出以职工为中心的工作导向，聚焦广大职工就业创业需求，实施一批工会就业创业服务精品项目，推动工会就业服务向数智化转型。

2.“阳光就业”行动。以转岗待岗职工、困难职工家庭成员等群体为服务对象，各级工会通过调研摸底建立实名制档案，针对不同群体差异化就业需求，提供“一对一”精准帮扶。

3.“工会服务职工就业帮扶云”。在“职工之家”APP 正式上线，具备线上求职、岗位发布、简历上传、在线沟通等功能，并提供直播带岗、信息发布、宣传展示等多样化服务。平台坚持公益性，向全社会免费开放，提供安全、可靠的线上就业服务。发挥工会组织优势，建立垂直服务模式，压实基层工会责任；利用技术赋能，AI 贯穿推介、撮合、支持全过程。

4. 全国工会欠薪业务工作管理平台。全国总工会派发欠薪舆情线索，跟踪督办欠薪线索核查和欠薪案件处置进度，每周编辑《工会推动治理职工欠薪周报》，每月编辑《全国工会欠薪业务工作管理平台工作情况分析报告》。

5. 全国“安康杯”竞赛活动。以两年为跨度持续开展，紧扣安全生产月、全国消防日等节点开展专题宣教，用好“职工之家”APP 等数智化平台，推动群众性安全生产活动线上线下深入开展。

第二节　民主政治权利

一、目标要求

坚持全心全意依靠工人阶级的根本方针，贯彻落实发展全过程人民民主、推进社会主义民主政治建设的要求，根据《工会法》《公司法》《劳动法》《劳动合同法》《企业民主管理规定》《关于加强企事业单位民主管理工作的意见》等法律和规范性文件规定，在各层次各领域落实职工主人翁地位，保障职工当家作主的权利。

二、工作内容

（一）参与国家治理制度

落实保障职工主人翁地位的制度安排，推进协商民主广泛多层制度化发展，畅通职工源头参与渠道，引导职工依法行使民主政治权利，有序参与国家治理、社会治理、基层治理，更好把职工当家作主具体地、现实地体现到党治国理政的政策措施上来，体现到党和国家机关各个方面各个层级工作上来。

组织和代表广大职工依法、有序、广泛参与管理国家事务和社会事务、管理经济和文化事业。加强与广大职工相关法律法规政策的制定、修改和监督落实工作，积极反映职工的意愿和要求，做到吸纳民意、汇集民智，从源头上保障职工参与法律法规政策的制定和实施，为维护职工合法权益提供法律、政策、制度保障。

进一步推动提高优秀职工在党的代表大会代表和委员会委员、人大代表、政协委员、群团组织代表大会代表和委员会委员中的比例，组织开展职工代表、委员教育培训，加强职工代表、委员履职服务保障，组织参加相关考察、执法检查、调研等活动，积极协调解决职工代表、委员履职过程中遇到的困难和问题，不断提高职工代表、委员的履职能力和水平。

（二）企事业单位民主管理制度

1. 企事业单位民主管理的概念。企事业单位民主管理，是指中国境内的企事业单位职工依照法律法规和政策规定，参与本单位决策、管理和监督，企事业单位的经营管理者尊重、支持和保证职工行使知情权、参与权、表达权、监督权等民主权利的有组织的制度性、规范性活动。其主体是企事业单位的经营管理者和职工，涵盖了企事业单位中经营管理人员、技术人员和生产工人等全体人员。企事业单位民主管理的关键是职工参与本单位经营管理，使管理科学化并获得广泛的群众基础，而非直接地实施管理或者代替专业管理。

2. 企事业单位民主管理的制度体系。党的十八大以来，党中央出台多个重要文件对健全企事业单位民主管理制度提出明确要求，企事业单位民主管理“1+2+N”制度体系逐渐构建。“1”即职工代表大会制度，“2”即厂务公开制度和职工董事、职工监事制度，“N”即企业民主管理委员会、民主议事会、劳资恳谈会、民主协商会、厂长（经理）信箱、班组民主管理等其他形式。

（三）职工代表大会制度

1. 职工代表大会制度的概念、性质与地位。职工代表大会制度，是指包括经营管理者与劳动者在内的全体职工通过职工代表大会（或职工大会，下同）实行民主管理所必须共同遵守的运行规程和活动准则。职工代表大会是职工行使民主管理权力的机构，是企事业单位民主管理的基本形式。

2. 职工代表大会的组织形式。职工代表大会和职工大会是职工代表大会制度的两种组织形式，二者在性质、任务、职权等方面没有区别，只是职工大会一般适用于人数较少的企事业单位，在具体的组织制度方面，职工代表大会增加了代表的选举、罢免等内容。

不具备单独召开职工代表大会条件的中小微企业，可以召开区域性、行业性职工代表大会；跨地区、跨行业的集团可以建立企业集团职工代表大会制度；新业态企业可以探索召开联合的、扩大的职工代表大会，保障新就业形态劳动者参与民主管理。这些特殊形态的职工代表大会在职权的设置、职工代表的选举产生和比例等方面各有不同。

3. 职工代表大会的职权。职工代表大会的职权是为了维护职工的知情权、参与权、表达权、监督权而设定的审议建议权、审议通过权、审议决定权、选举权、表决权、评议监督权等各项民主权利。根据相关法律法规和政策的规定，国有及其控股企业职工代表大会的职权，除拥有与其他企业一样的职权外，在保障职工的知情权、建议权、决定权方面，还有特殊要求。集体企业的职工（代表）大会是企业的最高权力机构，其职权参照《城镇集体所有制企业条例》的规定。

（四）厂务公开制度

1. 厂务公开的概念。厂务公开，是指企事业单位依照有关法律法规的规定和相关政策要求，将与本单位改革发展稳定和职工切身利益密切相关的重大问题和重要事项，通过职工代表大会和其他适当形式向广大职工公布、告知，为组织职工参与决策、管理和监督创造前提条件的办事规程或行动准则。这里讲的“厂”，泛指包括工业、交通、建筑、金融、财贸等各行各业各种类型和形式的公司、工厂在内的企业和事业单位。具体到一个单位，可以称为企务公开、司务公开、院务公开、所务公开、校务公开等。厂务公开的实质是保障广大职工的知情权，这是实现职工民主监督和民主管理的重要前提和环节。

2. 厂务公开的主体与职责。企事业单位是实行厂务公开的主体。企事业单位在党组织的领导下，建立由党组织、行政和工会负责人组成的厂务公开领导机构，负责指导和推行厂务公开工作。企事业单位党组织是本单位厂务公开工作的直接领导者，经营管理方是厂务公开工作的主要责任者，企事业单位工会是厂务公开工作的具体工作者，广大职工是厂务公开的参与者、监督者和评价者。企事业单位可以成立由纪检、工会有关人员和职工代表组成的厂务公开监督机构，对厂务公开实施情况进行监督。

3. 厂务公开的原则。遵循依法公开、及时公开、真实公开、科学公开的原则，实行厂务公开。涉及企业商业秘密以及与知识产权相关的保密事项不能公开，且知情的职工还应当保守秘密。

4. 厂务公开的内容和形式。厂务公开的内容主要涉及企事业单位经营管理的重大事项、劳动关系的具体情况和经营管理人员廉洁从业的相关情况，重点是涉及职工切身利益的规章制度或重要事项。厂务公开的形式一般有 4 种：

（1）基本形式。即职工（代表）大会。（2）专用形式。包括专门用于公开厂务的厂务公开栏、厂情发布会、厂务公开网络，以及为公开某些事项而召开的各种会议等。（3）特有形式。包括职工董事、职工监事参加董事会、监事会制度，工会参加党委和经理办公会制度，以及党政工联席会制度等。（4）媒体形式。包括企事业单位的广播、电视、厂报、微信公众号等。

（五）职工董事、职工监事制度

1. 职工董事、职工监事制度的概念。职工董事、职工监事，是指依法由公司职工（代表）大会民主选举产生，分别进入公司董事会、监事会，代表职工参与公司决策、管理和监督的人员。职工董事、职工监事制度，是职工董事、职工监事工作程序、权利义务规定和履行职责要求等规则的总称。2023 年 12 月，新修订的《公司法》对公司建立职工董事、职工监事制度作出新规定。2024 年 12 月，全国厂务公开协调小组办公室印发《职工董事、职工监事工作指引》，依法对职工董事、职工监事制度作出专门规定。公司董事会成员为 3 人以上，其成员中可以有公司职工代表；职工人数 300 人以上的，除依法设监事会并有公司职工代表的外，其董事会成员中应当有公司职工代表。职工董事可以进入董事会的审计委员会等专门委员会。设立监事会的，职工监事的比例不得低于三分之一，具体比例由公司章程规定。

2. 职工董事、职工监事履职规定。职工董事、职工监事候选人可以由公司工会根据自荐、推荐情况，听取职工意见后提名，也可以由三分之一以上的职工代表或十分之一以上的职工共同推举提名，或由职工代表大会联席会议提名。公司工会主席、副主席一般应作为职工董事、职工监事候选人人选。未兼任工会主席的高级管理人员不得作为职工董事候选人，高级管理人员不得作为职工监事候选人。职工董事、职工监事依法享有与其他董事、监事同等权利，承担相应义务，并依法依规履行代表职工利益、反映职工合理诉求、维护职工和公司合法权益的特别职责。公司在章程或董事会、监事会议事规则中明确职工董事、职工监事的特别职责。职工董事、职工监事每年至少一次向职工代表大会作述职报告，接受履职评议。公司工会负责组织实施选举、罢免和评议职工董事、职工监事等具体事宜，为职工董事、职工监事开展调研等工作提供服务，做好职工董事、职工监事履职记录。

除以上几种民主管理形式外，企事业单位可以根据实际情况，通过民主管理委员会、民主议事会、劳资恳谈会、民主协商会、厂长（经理）信箱、班组民主管理等其他形式，开展民主管理工作。

三、组织实施

1999 年 1 月，根据中央领导同志的批示精神，成立全国厂务公开协调小组。协调小组下设全国厂务公开协调小组办公室，办公室设在全国总工会。目前，协调小组由人力资源社会保障部、国务院国资委、全国总工会、全国工商联组成。协调小组工作的主要职责：学习宣传、贯彻落实党中央关于企事业单位民主管理工作的重要部署，研究确定全国企事业单位民主管理的政策、目标任务和工作规划，指导全国企事业单位民主管理工作，不断推进企事业单位民主管理制度化、规范化、法治化建设。

第三节 精神文化权益

一、目标要求

以培育和践行社会主义核心价值观为指引，围绕“中国梦·劳动美”主题，聚焦职工精神文化需求，广泛开展职工文体活动，丰富职工精神文化产品和服务供给，保障职工精神文化权益，打造健康文明、昂扬向上、全员参与的职工文化，促进职工全面发展。

二、工作内容

（一）全国职工文体活动

1. 定义和标识。全国职工文体活动是指由全总宣传教育部主办的全国性职工文体活动，分职工文化活动、体育活动两大类，一般每年举办 2—3 场，是覆盖全国职工、展示职工文体工作成果、具有社会影响的官方活动，对各级工会开展职工文体活动起到重要的示范、指导和引领作用。为加强品牌化建设，2024 年发布了全国职工文体活动标识（LOGO）：其主体由书法形态的“工”字与三条跑道组成，整体呈现跃动上升的职工形象。标识已进行商标注册，仅限在全总宣传教育部主办的全国职工文体活动中使用。

2. 职工文化活动。职工文化活动是践行习近平文化思想、弘扬传统文化、展示职工才艺的重要平台，旨在提升职工文化素养。全国职工文化活动不设固定项目，每年根据职工喜好、工作实际确定开展项目。

3. 职工体育活动。职工体育活动是推动全民健身的有力抓手，能有效增强团队凝聚力，旨在增强职工身体素质。全国职工体育活动不设固定项目，每年根据职工喜好、工作实际确定开展项目。由全总宣传教育部联合省级总工会主办、地级市总工会具体承办，通常设有开闭幕式、“文体 +”等配套活动，以省级总工会为单位组队参加，参赛者均为在职职工。

（二）职工文艺创作

1. “中国梦・劳动美”庆祝“五一”国际劳动节心连心特别节目。这是由全国总工会和中央广播电视总台主办，全总宣传教育部、总台文艺节目中心、全总文工团、北京市总工会承办，各级工会共同配合完成的大型文艺节目，截至 2025 年已连续举办 23 年。节目“工”字特色突出，多以各地生产一线、重大工程等为实景录制，设计致敬劳模环节、邀请普通劳动者参演等，带动培养了许多职工文艺人才。

2. “三工”题材文艺作品创作。“三工”题材文艺作品创作是指以工人、工厂、工会为主题的文艺创作，具有贴近职工生活、展现职工精神风貌、传递正能量的特点。

3. 推荐评奖。“五个一工程”奖和群星奖是文化领域的两个重要奖项，分别由中共中央宣传部、文化和旅游部设立，是精神文明建设和群众文化的最高荣誉。全国总工会是这两个奖项的报送单位之一，负责工会系统作品的推荐报送。全总宣传教育部承担具体工作，每届均积极动员各级工会报送作品、组织专家评审、严格进行公示，将推荐报送过程作为推动职工文艺创作交流的过程。

（三）数智赋能职工文体工作

1. 全国职工优秀文艺作品数据库。为推进职工文体活动数智化建设，丰富职工文化产品供给，全总宣传教育部 2025 年上线了全国职工优秀文艺作品数据库。设书法美术摄影、舞台艺术、文学作品、视频作品、文体活动项目五大类专题库，已收录首批全国职工优秀音乐舞蹈作品、全国职工摄影展和书画展往届获奖作品、“中国梦·劳动美”庆祝“五一”国际劳动节心连心特别节目、全国职工文体活动等，可通过中工网、“职工之家”APP 免费浏览。

2. 全国职工线上健身系列活动。为推进职工文体活动数智化建设，方便职工科学健身，2022 年以来，全总宣传教育部依托全国职工线上健身运动平台，每年开展全国职工线上健身系列活动，运用数智技术，为广大职工和各级工会提供 AI 运动场、户外运动、定制赛事等百余种线上项目。

三、组织实施

（一）机构

全总宣传教育部负责全国职工文体工作的政策制定、调研总结、统筹指导，举办全国职工文体活动、大型文艺节目，指导职工文化产品供给、职工文艺作品创作，培训职工文艺骨干，指导工人文化宫、职工文艺团体、职工文体协会等职工文化阵地发挥作用。全总文工团负责职工文艺节目的具体创排、

“送文化”慰问演出等，打造贴近职工、富有时代气息的文艺作品。

（二）机制

1. 冠名规则。分类明确全国总工会作为全国性职工文体活动指导单位的办理规则和审批流程。

2. 全国职工文体活动申办机制。通过省级总工会申请主办全国职工文体活动、全总宣传教育部综合评定的方式，提高举办文体活动的计划性与规范性。

3. “文体 +”活动机制。全国职工文体活动同步举办配套活动，宣传工会工作、弘扬“三个精神”、展示当地文化，拓展职工文体活动的内涵和外延。

4. “五一”特别节目分会场和外拍点申办机制。通过省级总工会申请承办分会场外拍点、全总宣传教育部和央视综合评定的形式，带动地方工会参与特别节目摄制，提高文艺创作水平。

5. 优秀作品评审机制。凡推荐评奖、录入数据库的作品，均按照征集、评审、公示的流程进行，推荐评奖作品优先从入库作品中遴选，确保公平公正公开选出优秀作品。

（三）载体

1. 线下载体：各地工人文化宫、企事业单位职工文体活动场所、职工文体协会等实体阵地。工人文化宫作为传统职工文化活动中心，定期举办各类文体活动和培训；企事业单位职工文体活动场所为职工提供便捷的健身和文化活动空间；职工文体协会通过组织文体活动，进一步丰富职工业余生活。

2. 线上载体：全国职工优秀文艺作品数据库、全国职工线上健身运动平台等，利用网络打破时空限制，满足职工多样文化需求，助力职工身心健康。

第十一章　服务职工

工会服务职工群众是指工会组织坚持以服务职工群众为生命线，通过多种形式与途径，为职工提供权益保障、生活帮扶、职业发展、精神文化等服务，促进劳动关系和谐稳定，增强职工群众的获得感幸福感安全感。本章包括工会服务重点群体、服务品牌、服务阵地、服务热线和信访等内容。

第一节　服务重点群体

一、目标要求

着力提升工会服务职工水平，聚焦职工工作生活所需尤其是急难愁盼问题，健全“普惠性 + 特殊性”服务工作体系，助力提升职工生活品质。做优做实送温暖、送清凉、金秋助学、职工医疗互助、“爱心餐”等服务项目，建好用好工人文化宫、工会驿站等服务阵地，健全“职工之家”APP 等线上线下融合的服务方式，为职工提供实时、精准、喜爱、高效的工会服务。扎实做好工会治理欠薪专项工作，健全完善困难职工常态化帮扶机制。

二、工作内容

（一）新就业形态劳动者

贯彻落实习近平总书记重要指示和党中央决策部署，认真做好新就业形态劳动者工会工作。突出对新就业形态劳动者帮扶慰问、关心关爱，在做好广泛走访慰问的同时，创新开展关爱服务项目。持续开展“新就业形态劳动者温暖服务季”活动。创新网上普惠服务模式，推行网上普惠服务精准化，提升工会服务平台用户活跃度、满意度。开展“尊法守法·携手筑梦”服务职工公益法律服务行动，为包括新就业形态劳动者在内的广大职工提供法治宣传、法律咨询、法律援助等公益性法律服务。大力推进“会、站、家”一体化、“司机之家”等服务阵地建设，规范做好工会驿站建设。设立“关爱新就业形态劳动者”公益项目，提供全国范围广泛适用的新就业形态劳动者专项保障产品。

（二）农民工

认真贯彻落实党中央、国务院关于农民工工作的决策部署，坚持问题导向，务实创新、积极作为，着重在农民工宣传引导、建会入会、维权维稳、创新服务、促进农民工融入城市、加强理论研究和制度建设等方面进行探索。工会牵头开展的“当好主人翁、建功新时代”、“中国梦·劳动美”主题活动、“求学圆梦行动”、“尊法守法·携手筑梦”服务农民工法治宣传和公益法律服务行动、全国工会就业创业服务月等服务农民工品牌和活动，得到了各级党委、政府的充分肯定以及社会各界的密切关注，还有包括农民工在内的广大职工群众的积极响应。

（三）困难职工

按照习近平总书记关于健全送温暖机制、实现帮扶工作常态化长效化、为广大职工提供具有工会特点的普惠性常态性精准性服务的重要指示，各级工会不断健全完善常态化多层次帮扶工作格局，以职工困难帮扶项目为抓手，创新开展帮扶服务职工项目，实现巩固拓展解困脱困成果与提升职工生活品质的有效衔接。

工会主动承担困难职工解困脱困工作这项重要政治任务，通过生活救助、子女助学、医疗救助及“四个一批”举措分类施策、精准帮扶，创立了工会送温暖、金秋助学、平安返乡等广受职工群众欢迎的困难职工帮扶的工作品牌。

（四）女职工

女职工的合法权益是指女职工享受《宪法》及其他法律、法规规定的公民、职工享有的权益，同时还享有国家对妇女规定的权益，包括女职工的政治权利、人身和人格权益、文化教育权益、劳动者社会保障权益、财产权益、婚姻家庭权益等。女职工的特殊权益是指女职工除享有上述合法权益外，还享有国家针对女职工生理特点、体力状况、“四期”（经期、孕期、产期、哺乳期）的特殊情况等，对女职工在劳动过程中给予的特殊保护。强调女职工的特殊权益一方面是由于女职工存在与男职工不同的生理特点，另一方面是因为现实生活中各种性别歧视现象仍不同程度存在。

工会维护女职工合法权益和特殊权益的途径有：加强源头参与，健全工会维权服务女职工工作体系；开展普法宣传，营造全社会关注女职工权益的良好氛围；开展法律监督，推动法律法规的贯彻落实；整合社会资源，共同做好维护女职工权益工作。

女职工维权服务的主要工作品牌有：女职工权益保护专项集体合同、“情系女职工 法在你身边”女职工普法宣传、女职工休息哺乳室、家庭友好型工作场所、工会爱心托育托管、“会聚良缘”工会婚恋交友服务等。

三、组织实施

（一）机构

全国总工会统筹、专项部门执行、基层工会落实、社会资源联动，形成覆盖职工全生命周期的帮扶网络。

（二）机制

工会服务和帮扶重点群体的组织实施机制是确保工会职能有效落地、资源精准配置的重要保障，其重点在于通过制度设计、流程规范、资源整合及动态管理，构建覆盖“需求识别—服务供给—效果评估—持续优化”全链条的闭环体系。

1. 需求识别与精准对接机制。根据职工困难程度（如深度困难、相对困难、意外致困）建立动态档案，细化标准分层分类建档，基层工会通过入户调查、民政数据比对等方式确保信息真实；通过“职工之家”APP、12351 工会服务职工热线等多渠道实时收集职工诉求。

2. 资源整合与协同联动机制。形成中央财政、地方财政、工会经费、社会捐赠相结合的多元化资金保障机制。政企社联动，联合民政部门、慈善机构、企业等共建重点群体服务帮扶网络。发动职工志愿者、专业社工提供心理疏导、法律援助等志愿服务。建立区域协作机制，跨地区工会联动，解决农民工异地服务、返乡就业等问题。

3. 服务供给与实施机制。建立分层分级服务网络，全国—省—市—县—基层工会五级联动。按群体分类施策，对新就业形态劳动者提供健康体检、意外保险等服务，对农民工进行法律援助、技能培训、返乡就业支持，对困难职工提供生活救助、医疗救助、子女助学等帮扶，对女职工开展平等就业、特殊权益维护、托管托育、婚恋交友、母乳喂养支持、身心健康关爱等服务。

4. 数字化与创新驱动机制。依靠“职工之家”APP、智能化管理平台等分析重点群体分布、需求热点，优化资源配置，整合法律援助、困难帮扶等功能实现线上服务集成，创新服务模式。

（三）载体

工会服务和帮扶重点群体通过实体阵地、数字化工具、专项活动及社会网络等多元形式，实现服务精准触达职工。

1. 实体服务阵地。（1）职工服务中心（困难职工帮扶中心）。整合困难帮扶、法律援助、职业培训等功能，提供“一站式”服务。（2）工会驿站。面向户外劳动者（快递员、环卫工人等）提供休息、饮水、热饭、充电等基础服务，部分驿站增设健康检测、法律服务功能。（3）女职工休息哺乳室建设。为孕期、哺乳期女职工提供安全、卫生、私密的休息哺乳场所。

2. 数字化服务平台。（1）困难职工帮扶云。实现从受理、核实、转办、催办、督办到反馈的全流程线上化运作。全面展示各地帮扶政策咨询信息，包括工会帮扶服务政策依据、服务范围、建档标准、帮扶标准、办理流程、申请材料等。支持职工通过线上申请、在线留言、电话沟通 3 种方式咨询、联系和办理业务。（2）工会健康云。依托人工智能大模型技术，集成医疗健康知识图谱、AI 智能健康咨询等，通过深度学习和大数据分析技术，支持职工通过文字、图片、语音、视频咨询健康情况，即时反馈健康管理和就医的辅助与建议，促进职工提升健康水平。（3）“女职工家园”子模块。依托“职工之家”APP，面向广大女职工和女职工工作者在思想引领、职业发展、权益维护及关爱服务等领域的多元化个性化需求，提供“她力量”“她成长”“她权益”“她健康”“她关爱”“她遇见”活动专区等特色栏目，为广大女职工提供更贴心、高效、便捷的综合性服务。

第二节　服务品牌

一、目标要求

加强工会品牌化建设，实施工会品牌总体行动，扩大工会影响，更好地服务党和国家工作大局，服务广大职工群众，打造一批叫得响、记得住，职工群众热爱、社会公认的工会工作品牌。

二、工作内容

（一）送温暖

工会送温暖工作是服务职工的重要实践。各级工会通过物质帮扶、精神关怀、精准服务、广泛走访慰问等方式，切实解决职工群众尤其是困难职工的实际困难，传递党和政府的关怀与温暖。

全国总工会于1992年元旦春节期间，在全国范围内开展了“进万家门，知万家情，解万家难，暖万家心”的送温暖活动。1994年，全国总工会将一年一度的送温暖活动拓展为送温暖工程。各级工会紧紧围绕党和政府的中心工作以及困难职工的需求，不断开拓创新，与时俱进，有力地推动了工会送温暖活动向经常化、制度化和社会化方向发展。近年来，各级工会聚焦重点工程、重大项目和劳动关系风险矛盾问题突出的重点领域，紧盯建筑工程、公共交通、环境卫生等重点行业，关注生产经营困难企业、小微企业、条件艰苦企业等重点企业，针对重点领域、重点行业、重点企业困难职工、灵活就业人员、新就业形态劳动者、劳动模范等重点群体，开展广泛走访慰问和送温暖活动。

（二）送清凉

工会送清凉是维护职工权益的传统特色品牌，职工防暑降温工作是一项季节性很强的劳动保护工作，直接关系到职工身体健康和企业生产安全。

工会按照《职业病防治法》《安全生产法》《劳动法》《工会法》《关于印发防暑降温措施管理办法的通知》等相关规定，履行法律赋予的群众监督职责。2023年以来，全国总工会在开展职工防暑降温工作基础上，指导各地工会组织开展“工会送清凉、防暑保安康”活动，督促用人单位落实防暑降温主体责任；以夏季露天作业的交通、物流、电力、建筑、环卫、公安、消防等行业和存在生产性热源高温作业场所的从业人员，以及货车司机、网约车司机、快递员、外卖配送员等新就业形态劳动者为重点，深入企业、深入基层，积极开展以送清凉物资、送政策宣传、送健康培训、送健康体检、送法律维权为主要内容的送清凉活动；广泛开展贴近岗位、贴近实际、贴近职工的宣传教育活动，加大对高温危害及其防护措施的宣传力度，切实有效预防和控制职业性中暑事件，降低高温作业和高温天气作业对职工身体健康的危害，维护广大职工的劳动健康权益。

（三）金秋助学

工会金秋助学工作是工会组织服务职工群众、促进教育公平的重要举措，通过资金帮扶、物资支持、精神关怀等方式，帮助困难职工家庭子女顺利完成学业。

2005 年全国总工会开展金秋助学活动，帮助困难职工子女顺利入学并完成大学学业，把生活救助、素质培养、情感关怀、开展勤工俭学、推介安置就业等紧密结合起来，帮助他们解决上学难、就业难问题。各级工会在全国范围内集中开展金秋助学活动，对困难职工家庭的上学子女给予学费资助和生活补贴。同时加强对困难家庭学生的素质培养、价值观引导和情感关怀，积极推动政府将农民工子女纳入当地义务教育范围，帮助解决农民工子女上学难题。

2009 年，全国总工会开展“困难职工家庭高校毕业生阳光就业行动”，各级工会将助学活动延伸到入学前和毕业后，推行调查摸底、政策宣传、入学救助、在校帮扶、就业协助的全程链条式帮扶，实现对困难职工子女上学、就业“一条龙”服务。

（四）职工互助保障

职工互助保障是由工会组织发起，通过职工自愿参与、互助共济的方式，为成员提供风险保障的公益性活动。中国职工保险互助会打造包括重大疾病、意外伤害等在内的保障体系，中国职工发展基金会提供涵盖医疗健康、帮扶救助等方面的公益项目，共同构成互助保障的主要机构。工会相关部门负责整合工作资源、提升统筹层级，确保职工互助保障权益。职工互助保障的机制有：会员制管理机制，实行会员共同所有、民主管理，财产归属全体会员；信息化管理机制，通过信息化平台实现动态管理，加强数据安全保护；管办分离治理机制，各级工会主办职责与职工互助组织运营权限分离；风险防控机制，建立风险排查、监测预警和准备金制度，重点防范资金、管理、信息安全风险。载体包括中国职工保险互助会及其分支机构、地方工会单独设立的职工互助保障组织等。加强和规范互助保障活动，加快推进省级统筹，制定省级统筹方案，坚持实现全省范围内的制度统一、标准统一、管理统一、服务统一，建立统一的调剂金制度；聚焦重点群体扩大参保覆盖面，面向新就业形态劳动者提供专属普惠性质的互助保障产品和服务，并逐步拓展至农民工等群体；打造职工医疗互助品牌，以丰富的产品供给、优质的服务水平培树品牌，着力构建结构合理、功能完备、保障全面的产品供给体系；聚焦效能安全推进数智化转型，以数智化的办公系统全面改造自省级直至基层经办点的组织网络，同时持续推动互保数据与医保数据对接共享；聚焦风险点构建全面监管体系，进一步压紧压实各级工会的监管责任。

（五）提升职工生活品质

提升职工生活品质是工会将以职工对美好生活的向往作为奋斗目标的具体实践。2021 年 5 月，城市困难职工解困脱困工作总结表彰会明确提出在巩固拓展解困脱困成果的基础上，做好提升职工生活品质这篇大文章，进一步推进职工生活改善，不断夯实党长期执政的阶级基础和群众基础。中国工会“十四五”发展规划明确提出实施提升职工生活品质行动，到 2025 年所有县级以上职工服务中心（困难职工帮扶中心）综合服务能力全面提升；全国 1 万家以上企业实现职工生活幸福环境标准化建设。2021 年，全国总工会对提升职工生活品质试点工作进行了全面部署。各级工会以工会帮扶中心赋能增效打造服务职工综合体、引导企业提升职工生活品质塑造幸福生活环境为重点开展试点，在建设服务阵地、开展服务项目运作、建立工作机制、优化服务模式等方面积极实践，因地制宜开展特色服务项目。推进职工心理健康服务工作，加强职工心理疏导和人文关怀。

（六）“爱心餐”专项行动

“爱心餐”专项行动由全国总工会联合头部平台企业、行业协会、餐饮商家、公益组织等共同发起，旨在解决货车司机、网约车司机、快递员、外卖配送员等新就业形态劳动者“就餐难、就餐贵”问题，通过“工会补一点、商家让一点、职工出一点”普惠模式，提供线上线下优惠优质餐食，是工会服务新就业形态劳动者的创新工作品牌。全国总工会明确“爱心餐”标准化运营流程，健全满意度评价体系，根据新就业形态劳动者反馈及时对参与餐饮企业及餐食进行调整优化，为劳动者提供实实在在的福利。

第三节　服务阵地

一、目标要求

聚焦职工所需、工会所能，充分发挥工会院校、职工服务中心（困难职工帮扶中心）、工会驿站、司机之家、工人文化宫、职工书屋、工人疗养院等工会阵地作用，积极开展工会干部及职工培训、送温暖、送清凉、职工疗休养、职工医疗互助保障、工会爱心互献和工会公益慈善等活动，及时、高效为职工群众提供优质服务。

二、工作内容

（一）工会院校

工会院校包括工会干部院校和工会职工学校。工会干部院校是在同级工会党组领导下培养工会干部的学校，是培训各级工会干部的主渠道，是学习宣传贯彻习近平新时代中国特色社会主义思想特别是习近平总书记关于工人阶级和工会工作的重要论述的重要阵地，是党的工运事业和工会工作的研究机构，承担着工会干部教育培训、提升干部的专业能力、教学资源建设、进行师资队伍建设、工会重大理论和现实问题研究、中国工会自主知识体系建设、工会工作决策咨询等重要职责。工会职工学校是为在职职工提供教育和培训的学校，旨在提升职工的素质和技能。

（二）工人文化宫

工人文化宫是工会组织为职工群众提供文化、体育、教育等服务的重要阵地。《公共文化服务保障法》规定，工人文化宫是国家公共文化设施。因此，工人文化宫具有公共属性、工会属性和职工属性，要坚持服务性、公益性、基层性方向。工人文化宫承担着引领基层职工文化阵地发展、提供公益性产品和服务等重要职责。

（三）工人疗养院

职工疗休养事业创建于 1949 年，是新中国成立初期党和政府委托工会兴办工人疗养院，组织劳模和先进职工疗休养，并提供土地、资金、设施支持，以保护和促进职工健康为宗旨建立起来的公益性事业。经过多年发展，已形成疗休养、医疗康复、健康管理 3 大业务。工人疗养院是工会举办的职工医疗保健机构，是工会维护广大职工疗休养权益、保护职工身心健康的重要阵地，是国家社会保障和医疗卫生事业的重要组成部分，主要任务是接待职工疗休养、降低职工患病率、恢复与增强职工的身心健康。全国总工会资产监督管理部负责全国工人疗养院建设和改革发展的管理和指导，建立全国职工疗休养市场机制，加强疗休养服务供需调度；中国职工疗养协会在全总资产监督管理部指导下做好行业管理和服务。职工疗休养的机制有：权益保障机制，建立制度化保障机制，确保职工疗休养权益长效落实；资金保障机制，通过经费补助、购买服务等方式支持职工疗休养发展；满意度评价机制，通过多种方式收集反馈意见，探索引入第三方测评；深化改革机制，推进人事、用工和分配制度改革，完善人事管理体系，增强市场竞争力。

（四）工会驿站

工会驿站是工会贯彻落实习近平总书记和党中央对职工群众关心关爱的具体举措，是中国独创。针对新就业形态劳动者、环卫工人等户外劳动者“吃饭难、喝水难、休息难、如厕难”等实际问题，2016 年初，各级工会开始建立以户外劳动者为主要对象、以工会驿站为主要载体的服务体系，推动改善户外劳动者工作条件。工会驿站分为共建和自建两种方式。共建指由县级及以上工会组织与政府、社会组织、爱心企事业单位等共同建设、运营、管理。自建指由县级及以上工会组织自筹资金单独建立（设立）。2023 年、2024 年，全国总工会连续实施工会驿站双 15 工程和新双 15 工程，持续做好工会驿站阵地建设，在全国主要城市和城市重点区域基本实现工会驿站 15 分钟服务圈交叉覆盖，并持续提高工会驿站的服务质量与内容，在增加开放时间上下功夫，积极向 8 小时之外延伸服务。

（五）职工书屋

职工书屋是 2008 年由全国总工会启动的旨在保障一线职工、农民工基本文化权益的重要文化工程，是宣传党的路线方针政策、开展思想政治引领工作的重要阵地，是广大职工学习知识、培养阅读习惯、陶冶学习情操的重要场所，包括职工书屋、便利型阅读站点、劳模书架等实体书屋，以及网站、APP、微信等多终端部署的全国工会电子职工书屋。职工书屋包括以下主要功能：阅读学习，提供丰富的图书资源和良好的阅读环境，满足职工的阅读和学习需求；文化交流，举办各类文化交流活动，如读书分享会、讲座、展览等，促进职工之间的思想碰撞和文化交流；技能提升，开展职业技能培训、业务知识讲座等活动，帮助职工提升业务能力和综合素质；休闲娱乐，在具备条件的职工书屋中，设置休闲区、咖啡吧等设施，为职工提供轻松愉快的休闲时光。2025 年，全国总工会将职工书屋升级为“知识服务综合体”，以传统阅读空间为基础，以“大思政课”阵地、阅读学习中心、技能培训基地、文化交流平台、休闲社交场所为核心，融合多元功能的综合性服务平台，旨在满足职工个性化、全场景的知识服务需求。

第四节　12351 工会服务职工热线和信访

一、目标要求

12351 工会服务职工热线（简称 12351 热线）坚持“服务化、体系化、品牌化、创新化、数智化”工作要求，坚持“全国连通、全总汇总、各省集中、分级主办”总原则，着力构建“标准统一、功能完备、流程规范、运转高效、数智赋能、数据驱动”的工作体系，着力提升维护职工合法权益和劳动领域政治安全能力。

工会信访工作贯彻落实党中央推进信访工作法治化决策部署，按照“五化四到位”要求，推进预防、受理、办理、监督追责和维护秩序法治化，做到受理部门分清性质、明确管辖，转办督办到位；职能部门依照法律规定和程序按时处理到位；对滥用职权、玩忽职守的公职人员坚决问责到位；对扰乱社会秩序的违法犯罪行为依法处理到位。

二、工作内容

（一）12351 工会服务职工热线

12351 工会服务职工热线具有问题解决、统计分析、信息查询、服务评价和全过程监督等 5 项主要功能，通过电话、网络端等方式提供劳动法律法规和政策等方面的咨询、帮扶，负责受理办理对侵害职工合法权益行为的反映、申诉，预警、调度、处置涉职工权益紧急突发事件等，是工会信访大格局的重要组成部分。

（二）工会信访

工会信访工作主要包括：受理、交办、转送职工信访事项；承办上级工会、本级党委和政府信访部门交办转送的信访事项；督促检查重要信访事项的处理和落实；研究、分析信访情况，开展调查研究，提出改进工作的建议；综合反映工会信访信息，分析研判工会信访形势，为党委和政府提供决策参考；指导下级工会和本级工会职能部门、产业工会等有关单位的信访工作；向信访职工宣传国家有关法律法规和政策等。

三、组织实施

（一）机构

在全国总工会信访与 12351 热线工作领导小组领导下，全总社会联络部信访办公室负责全国工会信访及 12351 热线工作的统筹协调、整体推进、督促落实。

（二）机制

12351 热线服务流程包括接诉、办理、分发、研判、解决、反馈及办结 7 个具体事项，具体服务机制详见图 1。

工会信访工作制度机制：《全国工会实施〈信访工作条例〉办法》《全总领导接待职工来访、阅批职工来信、包案处理职工信访事项办法》《工会信访情况通报制度》《工会信访事项交办制度》《工会信访工作责任制实施细则》《依法处理职工信访诉求清单》等。工会系统依法依规处理信访事项机制详见图 2。

（三）载体

12351 工会服务职工热线分为电话端和网络端，提供 7×24 小时全天候服务。

工会信访主要通过来信、来访、网上信访、热线等渠道受理办理职工信访事项。

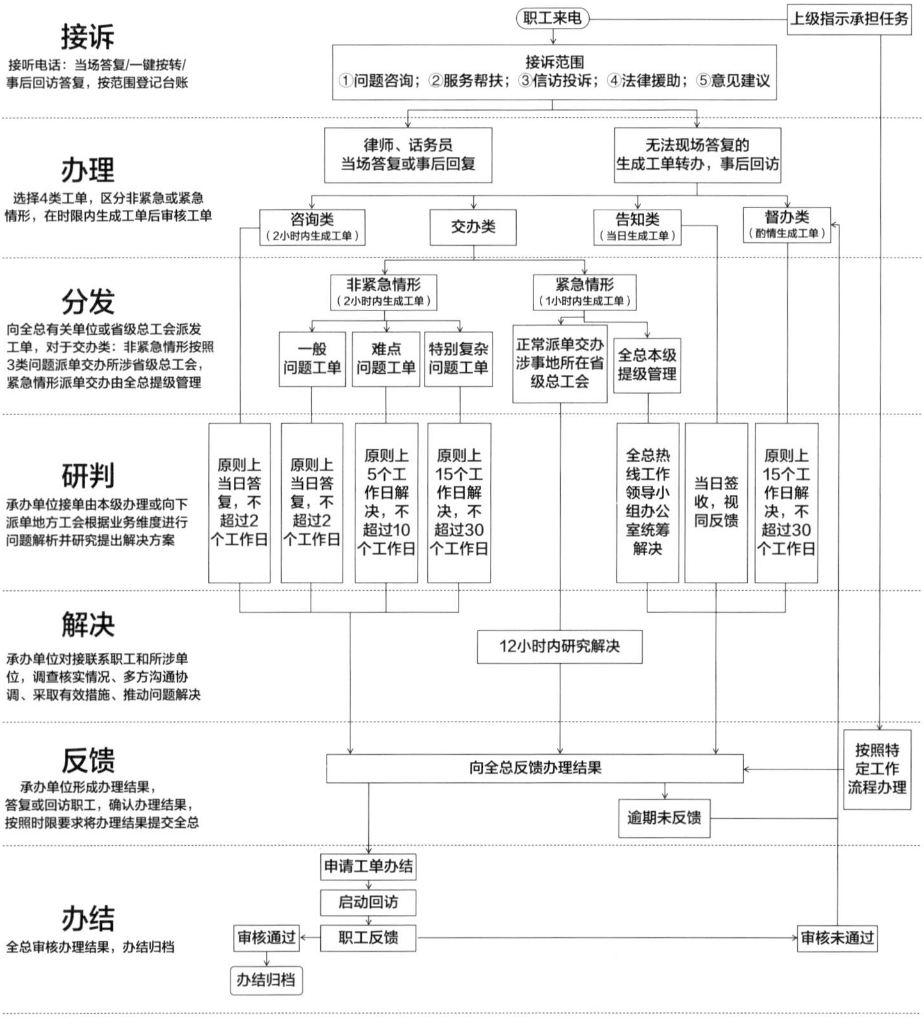

图1 12351 工会服务职工热线服务机制

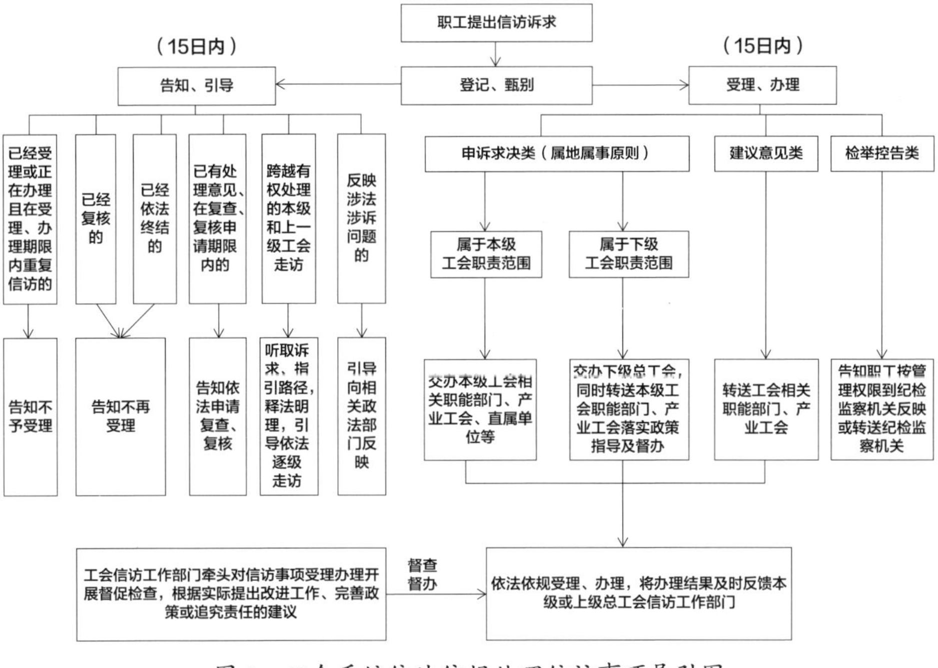

图 2　工会系统依法依规处理信访事项导引图

第十二章　劳动关系协商协调

劳动关系是用人单位与劳动者之间依法建立的，劳动者提供有偿劳动、用人单位支付报酬并承担相应法律义务的社会经济关系。劳动关系协商协调是指通过制度化、多层次的沟通机制和合作平台，由政府、工会、企业代表等主体共同参与，旨在预防和化解劳动关系矛盾、维护职工权益、促进企业和职工双方和谐发展的系统性制度安排。本章包括劳动关系三方协商、政府与工会联席会议、集体协商、监测预警、纠纷化解及政治安全等内容。

第一节　协调劳动关系三方机制

一、目标要求

自 20 世纪初以来，协调劳动关系三方机制作为市场经济条件下调整劳动关系的重要机制，在世界工业化国家协调利益矛盾中发挥着重要作用。国际劳工组织 1976 年《三方协商促进履行国际劳工标准公约》（第 144 号公约）及有关国际劳工公约和建议书对三方机制表述为：政府、雇主及雇主组织、工人及工会组织三方之间，通过相关组织机构和程序规则，就有关立法、经济与社会政策的制定、劳动关系调整及与之相关重大问题的解决，相互沟通、平等交涉、共商对策、合作共事的交往活动。三方协商的目的是促进三方的相互了解和良好合作，维护劳动秩序，稳定劳动关系，促进经济发展，改善劳动条件和提高生活水平。三方在通过充分沟通和交流达成共识的基础上，按照所代表的主体利益，各自从履行职责上开展工作，发挥作用。

二、工作内容

研究分析经济社会发展形势和政策、制度对劳动关系的影响，协调三方的政策主张和立场，对劳动关系法律法规、规章与政策的制定和监督实施提出意见和建议。

通报交流协调劳动关系工作中的情况和问题，研究分析劳动关系状况及发展趋势，对劳动领域带有全局性、倾向性的重大问题进行协商，形成共识。

建立和完善劳动关系工作体系，推动协调劳动关系三方机制、劳动合同制度、集体合同制度、企事业民主管理制度、劳动争议调处机制的建设及和谐劳动关系创建活动开展，总结推广先进经验。

建立劳动关系重大问题的信息沟通和协调处置机制，对社会影响重大的劳动关系问题、集体劳动争议、集体停工或群体性事件，三方统一研究应对措施，提出意见和建议，协调采取一致行动，及时妥善化解矛盾。

加强与国际劳工组织、各国三方机构的交流与合作，组织、参加有关活动，发挥中国三方机制在国际劳工活动中的作用，扩大影响。

三、组织实施

（一）机构

我国三方机制的结构总体上按照国际劳工组织倡导的三方性原则建立，主要分为国家、省（自治区、直辖市）、市（区、县）、县（区）、街道（乡镇）等 5 级。目前已基本形成了从国家到地方的三方机制组织体系。

国家一级三方机制的基本形式是“国家协调劳动关系三方会议制度”。国家三方会议由政府部门、工会、企业代表组织组成，成员单位为人力资源和社会保障部、全国总工会、中国企业联合会／中国企业家协会、中华全国工商业联合会。三方会议实行执行主席制，由政府部门的执行主席牵头（主持会议）。人力资源和社会保障部、全国总工会、中国企业联合会／中国企业家协会、中华全国工商业联合会的领导同志担任执行主席。

省市三方机制主要有 3 种形式：劳动关系协调委员会、劳动关系三方联席（协商）会议制度、协调劳动关系三方会议制度。三方机构主席一般由人社部门领导担任，其他两方的领导任副主席。设立协调劳动关系三方委员会的省市则由同级政府领导担任委员会主任。省市三方机制虽然形式不同，其组织结构、职责任务、运行方式则基本相同。

产业三方机制是我国劳动关系三方机制体系中的重要组成部分，通过三方协商来解决产业系统劳动关系方面的特殊性问题。

三方机构专门委员会是我国三方机制体系中的有机组成部分，涉及专门领域中的劳动立法、政策制定和实施以及劳动关系中的突出问题进行磋商研究，提出政策性建议和意见。

（二）载体

和谐劳动关系创建活动是构建和谐劳动关系的重要载体。各级三方从 21 世纪初逐步开始和谐劳动关系创建活动，为三方机制服务党和国家工作大局搭建了一个有效的载体和平台。2023 年 1 月 3 日，国家三方联合下发《关于推进新时代和谐劳动关系创建活动的意见》，要求在全国各类企业持续推进新时代和谐劳动关系创建活动，推动企业贯彻落实劳动保障法律法规、完善劳动关系协商协调机制、健全劳动者权益保障制度、促进和谐文化建设。力争到 2027 年底各类企业及企业聚集区域普遍开展创建活动，实现创建内容更加丰富、创建标准更加规范、创建评价更加科学、创建激励措施更加完善，创建企业基本达到创建标准，和谐劳动关系理念得到广泛认同，规范有序、公正合理、互利共赢、和谐稳定的劳动关系进一步形成。

第二节　政府与同级工会联席会议制度

一、目标要求

2023年10月，习近平总书记在同全国总工会第十八届领导班子成员集体谈话时指出，各级政府要发挥好政府和工会联席会议作用，积极帮助工会解决职工群众的实际困难和问题。政府与同级工会联席会议，是指各级政府与同级工会定期或不定期，按照一定程序组织召开，相互通报相关重要工作情况，研究解决职工群众和工会工作中重要问题的专门会议。建立联席会议制度旨在加强各级政府与同级工会的联系和沟通，推动工会从宏观和源头上参与社会治理、维护职工合法权益。

二、工作内容

联席会议主要有省、地市、县三级政府与同级工会的联席会议，以及国务院有关部门、直属机构和部委管理的国家局、有关行业协会（联合会）与相应的全国产业工会的联席会议等。工会应主动做好以下工作。

（一）调查研究，提出议题

工会应加强调研，从涉及职工权益的诸多问题中选择党委、政府密切关注、职工群众反映强烈的重点问题，提出具有前瞻性、全局性和紧迫性的议题。经与政府协商、共同确定后，以书面形式发至工会和政府有关部门，为双方就会议议题达成一致、形成决议创造条件。

（二）主动沟通，合力推进

会前，工会应主动与政府方面沟通，工会领导应亲自出面与政府有关领导、相关职能部门协调，商定联席会议有关议题和事宜，使政府方面充分理解工会所提主张的必要性和紧迫性。地方总工会应形成专门部门牵头协调、职能部门分工负责、产业工会积极参与的工作格局。

（三）规范程序，明确内容

会议主要程序包括：确定会议出席人员、会议召开时间、会议议题、会议流程，组建工作机构、推进决议落实等。

会议内容由政府和工会协商确定，一般包括以下几方面：

1. 政府负责人通报国民经济和社会发展计划、政府的重要工作部署和涉及职工利益的有关行政措施。工会负责人介绍推动构建和谐劳动关系、维护职工合法权益和服务职工的重点工作。

2. 通报上次联席会议议题的落实情况。

3. 研究工会关于动员和组织广大职工为实现政府提出的经济社会发展目标任务、推进高质量发展的有关问题。

4. 研究解决劳动就业、收入分配、社会保障、劳动安全卫生等职工劳动经济权益方面的重要问题，有关职工群众参与民主决策、民主管理、民主监督等职工民主政治权利方面的重要问题，有关保障职工精神文化权益方面的重要问题。

5. 研究解决产业结构调整、企业改制过程中涉及职工切身利益的有关问题。

6. 研究需要工会与政府共同协商解决的其他重要问题，如产业工人队伍建设改革、新就业形态劳动者权益保障问题、困难职工群体问题等。

7. 研究工会工作中需要政府帮助解决的问题。

（四）推动落实，强化监督

工会要积极主动配合、督促政府相关部门认真贯彻落实好联席会议取得的成果，包括配合和协助政府办公厅（室）从速起草会议纪要，经政府领导审定后，以政府发文或两家联合发文的形式印发贯彻意见，加强工作落实；积极与政府联合组成落实会议决议的监督小组，共同监督决议落实情况；督促政府制定有效的监督检查制度，为落实决议事项创造良好条件；等等。

三、组织实施

《工会法》第三十四条、第三十五条，对国家机关和各级人民政府就涉及职工利益事项、职工群众诉求等与工会举行会议沟通协调作出规定。《中共中央关于加强和改进党的群团工作的意见》要求，地方党委要建立党委群团工作联席会议制度，协调解决问题，推动工作落实。《中共中央 国务院关于构建和谐劳动关系的意见》第二十四条明确，建立健全县级以上政府与同级总工会联席会议制度，支持工会参与协调劳动关系。《中共中央 国务院关于深化产业工人队伍建设改革的意见》第六条强调，发挥国家协调劳动关系三方机制、地方政府和同级工会联席会议制度作用，把推进产业工人队伍建设改革列入重要议程。31 个省、自治区、直辖市制定了《工会法》实施办法，对政府与工会建立联席会议制度均作了相应规定。一些地方政府制定了指导政府与工会联席会议工作的相关规定。各级政府和工会应遵循自觉接受党的领导，围绕中心、服务大局，相互尊重、相互支持，建立制度、规范运作，突出重点、讲求实效的原则，依法依规开展好联席会议工作。

第三节 集体协商和集体合同制度

一、目标要求

集体协商是指职工一方与用人单位之间依法就直接涉及职工切身利益的规章制度或者重大事项，为达成一致意见而进行商谈交涉的行为；集体合同是指职工一方与用人单位之间在平等协商一致的基础上签订的书面协议。《工会法》第六条规定："工会通过平等协商和集体合同制度等，推动健全劳动关系协调机制，维护职工劳动权益，构建和谐劳动关系。”工会集体协商工作是工会履行维护职工合法权益职能的重要手段，是工会协调劳动关系的重要组成部分。

二、工作内容

（一）集体协商和集体合同主体的确定

根据《劳动合同法》第五十一条规定，企业职工一方与用人单位通过平等协商，可以就劳动报酬、工作时间、休息休假、劳动安全卫生、保险福利等事项订立集体合同。集体合同草案应当提交职工代表大会或者全体职工讨论通过。集体合同由工会代表企业职工一方与用人单位订立；尚未建立工会的用人单位，由上级工会指导劳动者推举的代表与用人单位订立。

行业性、区域性集体合同的职工一方主体为行业性、区域性工会联合会，用人单位一方的主体是行业、区域性内相对应的企业代表组织，包括企业联合会、行业商会等各种企业代表组织，也可以由行业、区域内各企业方推荐的代表担任。

（二）集体合同的内容

集体合同的内容是职工与企业双方行使权利、履行义务和处理争议的重要依据和标准。主要有以下内容：

1. 有关劳动条件和标准方面的内容。主要包括以下方面：（1）劳动报酬，如工资分配制度、工资支付办法、加班工资及津补贴和奖金分配办法、工资调整办法等；（2）工作时间和休息休假，如工时制度、加班制度、劳动定额标准；（3）劳动安全卫生，包括劳动安全制度、劳动条件和安全技术操作规程、劳保用品发放、职工体检等；（4）补充保险和福利；（5）女职工和未成年工的特殊保护；（6）职业技能培训等。

2. 有关劳动管理的内容。主要包括劳动合同签订、变更、解除、试用期约定、经济补偿标准、裁员、规章制度等内容。

3. 有关集体合同程序性规定的内容。主要包括集体合同期限、变更和解除、争议处理办法、违反集体合同的责任等。

4. 双方认为应当协商约定的其他内容。包括企业劳动争议调解处理办法、企业工会工作内容、工会干部权益等。

（三）集体合同的签订程序

根据《集体合同规定》《工资集体协商试行办法》，开展集体协商一般包括以下 8 个步骤：

1. 产生集体协商代表；

2. 提出协商要约；

3. 做好协商准备，具体包括开展宣传教育、熟悉有关法律法规、搜集了解与集体协商有关的情况和资料、充分征求职工的意见、人员的分工准备、制定集体协商实施方案等方面的工作；

4. 正式开展协商，主要包括召开协商会议、起草合同文本等；

5. 职工（代表）大会审议；

6. 首席代表签字；

7. 报送劳动保障行政部门备案审查；

8. 公布实施。

三、组织实施

（一）机构

建立政府、工会、企业共同参与的协商协调机制，是党的十九大报告提出的明确要求。在推进集体合同工作中，政府、工会和企业组织的职能作用、工作手段各不相同，三方各司其职、协同配合，共同推进集体合同制度实施。

政府人力资源和社会保障部门承担劳动保障行政管理职责，在推进集体协商机制建设中起着主导作用，主要是参与和推动集体合同立法，制定集体合同制度和工作规划，对集体合同备案、监督检查，发布本地区工资指导线、劳动力指导价位、劳动定额标准等信息。工会组织既是集体协商和集体合同制度建设的参与者和推动者，又是集体协商和集体合同制度实施的实践者。企业联合会 / 企业家协会、工商联作为企业和雇主组织代表，担负着维护企业和企业经营者合法权益，指导企业开展集体协商、促进企业健康发展的职责。

（二）载体

1. 健全完善的法律制度体系。推动健全完善集体协商国家层面法律法规和地方性立法，形成上下衔接、相互配合的制度体系。

2. 协同高效的三方工作格局。依托各级协调劳动关系三方平台，建立健全政府、工会、企业组织三方协作的工作格局，共同推动集体协商工作。

3. 稳健管用的长效工作机制。开展形式多样的集体协商集中要约行动，建立集体协商质效评估体系，加强专职集体协商指导员队伍建设，确保集体协商和集体合同工作规范有序开展。

第四节　劳动关系风险监测预警

一、目标要求

围绕构建中国特色和谐劳动关系，坚持底线思维，增强风险意识，建立健全劳动关系风险动态监测、定期研判、分级预警、分类处置的体制机制，对劳动领域苗头性、倾向性风险做到早发现、早预警、早处置，有效防范化解系统性、区域性劳动关系风险，保持劳动关系和谐稳定，促进经济持续健康发展与社会和谐稳定。

二、工作内容

（一）动态监测

聚焦劳动关系风险易发多发的行业领域，特别是受国际贸易摩擦影响较大的企业，加强劳动关系风险常态化监测。探索建立劳动关系风险监测指标体系，重点关注经济运行、行业景气度、失业率和岗位流失率、企业经济效益以及欠薪欠保违法案件和劳动争议案件等指标变化。

（二）定期研判

根据劳动关系风险监测情况，坚持定量和定性相结合，定期对劳动关系运行状况、影响因素、重大风险与发展趋势开展分析研判，形成监测分析报告，并及时互相通报。推动建立协调劳动关系三方会商研判制度，定期对劳动关系风险进行会商研判，必要时可邀请有关专家参加会商研判会。会商研判情况向上级协调劳动关系三方机构报告，并视情向当地党委、政府报告。国家协调劳动关系三方会议每半年对全国劳动关系形势进行分析研判，视情向党中央、国务院报告。

（三）分级预警

在会商研判的基础上，根据劳动关系风险的影响范围、危害程度、发展态势等情况，对劳动关系风险实行分级预警制度。各地区可根据实际情况，研究制定本地区划分预警等级的标准和预警发布办法。

（四）风险处置

推动制定完善劳动关系风险处置预案和分级响应机制，在当地党委、政府领导下根据风险预警等级及时分类处置，妥善化解风险隐患。加强预警风险跟踪管理，确保预警信息及时消除。

三、组织实施

（一）机构

自 2017 年开始，全国总工会在全国范围内着手建立一批劳动关系监测点，进一步健全劳动关系发展态势监测和分析研判机制，形成具有工会组织自身特点的劳动关系研判和预警机制。

全国总工会负责统筹全国核心监测样本库总体布局，协调推进全国工会劳动关系监测系统建设。

省级工会负责选定本地区信息直报点，将其纳入全国工会劳动关系监测系统，并负责指导监测点工作，信息直报点主要选择劳动就业密集、劳动关系特点鲜明且有一定代表性，劳动争议及群体性事件易发多发或在某一时期承担涉及职工利益重大改革发展任务的市级工会。

工会劳动关系监测点主要由信息直报点和企业样本点组成。信息直报点以地市级总工会为主，主要负责企业样本点的选取、维护、指导，根据行业、规模、所有制要求确定企业样本点，将其纳入全国工会劳动关系监测系统，负责监测信息的收集和报送，组织样本企业定期监测并对企业填报情况进行指导、审核，同时承担有关调查研究工作。

企业样本点由信息直报点负责选定和运行，根据地区经济规模和职工人数，按比例在不同所有制、不同行业企业中选择10—30家能够反映本地区主体产业发展和劳动关系状况、具有一定就业和经营规模的企业作为样本点，定期对样本企业进行数据采集分析。有条件的地区选择1—2家新业态企业作为企业样本点。

（二）载体

依托工会劳动关系监测平台，形成各级工会共建共享的劳动关系基础数据库，着力建立健全工会劳动关系监测研判机制，提高工会分析研判劳动关系的智能化、科学化水平。

全国总工会定期向省级工会通报劳动关系监测点工作情况。省级工会对长期不能开展有效监测的信息直报点报经全国总工会核准后进行调整。信息直报点对长期不能开展有效监测的企业样本点报经全国总工会核准后予以调整，每半年向全国总工会上报一次监测数据和分析报告。样本企业每季度向信息直报点报送一次监测数据。

第五节　劳动关系矛盾纠纷预防化解

一、目标任务

工会参与劳动关系矛盾纠纷预防化解，是国家法律赋予工会的重要权利，是工会履行法定职责的必然要求，是工会融入社会治理大格局、防范化解劳动领域风险、维护职工队伍稳定、推动构建和谐劳动关系的重要途径。工会参与劳动关系矛盾纠纷预防化解的主要目标和任务是：全面推行新时代“枫桥经验”工会实践，健全“工会＋法院＋检察院＋司法行政＋人社”协作联动机制，推进工会劳动争议预防调处基层组织、阵地和人才队伍建设，打造劳动争议“商、调、裁、诉、援、执”多元解纷模式，实现职工化解矛盾纠纷“最多跑一地”，推动劳动领域矛盾纠纷化解在基层、化解在萌芽状态。

二、工作内容

（一）参与劳动争议预防化解

《工会法》《劳动法》《劳动合同法》《劳动争议调解仲裁法》等对工会参与劳动争议预防、协商、调解、仲裁、诉讼等作出明确规定。工会参与劳动争议预防，是工会在劳动争议发生之前，提早识别和干预劳动关系运行不稳定因素，减少和避免劳动争议发生。工会参与劳动争议协商，是工会在劳动争议发生后，协助职工与用人单位沟通和交涉，促使达成和解协议。工会参与劳动争议调解，是工会主持或参与协调化解劳动争议，通过说服教育和劝导示范等方式，促成达成调解协议。工会参与劳动争议仲裁，是工会作为职工方代表，与劳动行政部门代表和企业方代表，共同组成劳动争议仲裁机构，开展仲裁活动，此外也可为职工申请劳动争议仲裁提供代理服务。工会参与劳动争议诉讼，是工会为职工提起劳动争议诉讼提供代理服务、参与诉讼活动，促使争议得到公正高效处理。

（二）新时代“枫桥经验”工会实践

“枫桥经验”是20世纪60年代初浙江省诸暨县（现诸暨市）枫桥镇干部群众创造的“发动和依靠群众，坚持矛盾不上交，就地解决，实现捕人少，治安好”经验。新时代“枫桥经验”工会实践，是工会在党委政法委重视和支持下，坚持和发展新时代“枫桥经验”，积极融入基层社会治理，参与矛盾纠纷预防化解的创新举措，落实“立足预防、立足调解、立足法治、立足基层”实践要求，构建以“五个一”为主要内容的工作体系，即用好工会劳动法律监督“一函两书”实现预防在前，打造“一体化”“一站式”劳动争议多元化解平台实现矛盾化解，用好一批工会驿站、司机之家实现职工贴身服务，联系引导一批社会组织实现专业支撑，用好工会智能法律服务“一张网”实现科技赋能。

三、组织实施

（一）机构

企业劳动争议调解委员会是企业设立的专门负责调解内部劳动争议的组织，由职工代表和企业代表组成，职工代表由企业工会成员担任或者由全体职工推举产生，企业代表由企业负责人指定，主任由企业工会成员或者双方推举的人员担任，办事机构可以设在企业工会。

工会劳动争议调解组织是基层以上工会依法设立的、具有劳动争议调解职能的组织，可由县级以上总工会以及具备条件的乡镇（街道）、开发区（产业园区）、区域性（行业性）工会设立，负责对辖区内劳动争议进行调解。

工会法律服务机构是县级以上地方工会依法建立的、为保护职工和工会组织合法权益提供法律服务的专门机构，可依托工会职工服务中心、工人文化宫等设立，还可向基层工会服务职工阵地或司法、执法等部门阵地派设站点。

劳动人事争议仲裁委员会是政府依法设立的专门处理劳动人事争议案件的

机构，由劳动行政部门代表、工会代表和企业方面代表组成，共同开展业务研究及案件办理等工作。

（二）机制

建立劳动领域矛盾风险监测预警机制，聚焦重点领域、重点行业和重点群体，加强劳动用工指导服务和争议风险隐患排查，做好监测预警、动态管控、隐患治理等工作。

建立劳动领域矛盾纠纷多元化解机制，工会会同政法委、法院、检察院、司法行政、人社等部门，全过程参与劳动争议协商、调解、仲裁、审判、执行和援助。支持和参与综治中心规范化建设，采取常驻、轮驻、随驻等形式推进多元解纷。以新就业形态劳动者、农民工、困难职工等为重点对象，畅通矛盾纠纷调处化解绿色通道。推动建立劳动者权益保障检察公益诉讼法律制度。

建立职工贴身式法律服务机制，依托工会驿站、司机之家及园区、企业等工会服务职工阵地，加载法律服务功能，打造职工身边的“15 分钟法律服务圈”。

建立社会组织专业化支持机制，联系引导法律服务类、就业服务类、文体服务类、心理服务类、社工服务类专业社会组织，为防范化解矛盾纠纷提供专业支撑。

建立工会法律服务数智化赋能机制，建设云咨询、云调解、云服务等数字应用，推动职工法律服务线上线下双向融合，促进跨部门多元解纷资源平台对接和数据信息共享。

（三）载体

召开职工合法权益保障交流会商会，工会会同法院、检察院、司法行政、人社、工商联、企联等部门，就劳动领域重大事项和涉及职工切身利益重大问题进行会商解决。

全面推行新时代“枫桥经验”工会实践，搭建“一体化”“一站式”劳动争议多元化解平台，协调法院、检察院、司法行政、人社等部门入驻，促进劳动争议快立、快调、快审、快结，高效化解劳动争议。

运用“职工之家”APP“法律服务”功能，为职工和基层工会提供实时、智能、精准的法律服务，推动与外部门数据互联、信息共享，共同做好劳动关系矛盾风险研判和职工诉求分析。

第六节　劳动领域政治安全

一、目标任务

维护劳动领域政治安全是党中央赋予工会组织的重大政治任务。2018 年 10 月，全国总工会提出“五个坚决”要求，明确维护劳动领域政治安全的总目标，即坚决防止敌对势力借所谓“维权”插手煽动、渗透破坏，坚决防止所谓“独立工会”“民间工会”的出现，坚决维护职工队伍和工会组织的团结统一，坚决维护企业和社会大局和谐稳定，坚决捍卫中国共产党领导和我国社会主义制度。2023 年 10 月，中国工会十八大报告就“坚决维护劳动领域政治安全”作出部署，提出强化维护劳动领域政治安全体系和能力建设、建强用好部委协同机制、做实下沉地方联动机制、常态化开展职工队伍风险隐患专项排查化解工作等任务。

二、工作内容

（一）防控化解

1. 深入排查，掌握情况底数。各级工会开展职工队伍稳定风险隐患排查化解专项工作，深入企业、深入基层一线走访排查，了解职工思想动态和意愿诉求，全面摸排劳动用工、劳动报酬、社会保险、民主管理、安全生产等方面存在的风险隐患。

2. 全面化解，实质性解决问题隐患。各级工会坚持维权维稳相统一，把化解矛盾和政策宣讲、法律援助、困难帮扶、心理疏导等结合起来；坚持协同联动，针对发现的问题，积极配合党政有关部门，采取有效措施予以化解；坚持工作闭环，制定风险清单，实施销号管理，确保件件有落实、件件有回音。

（二）应急处突

1. 强化信息报送。各级工会充分发挥 12351 工会服务职工热线作用，加强劳动领域网络舆情监测，大力推动劳动领域信息员队伍建设，及时监测预警劳动领域风险隐患和涉工负面舆情，切实履行“第一知情人、第一报告人”责任。

2. 抓好应急处置。针对一般性涉稳事件，健全完善应急预案，采用工单式管理方式，100% 及时跟进核实、100% 纳入处置流程解决；针对重大涉政涉稳事件，依托部委协同机制和地方联动机制，会同有关部门共同抓好矛盾化解、解疑释惑、协商协调、法律援助、思想疏导、应急处突等各项工作，及时稳控事态，切实维护职工合法权益和职工队伍稳定，防止小事拖大、大事拖炸。

三、组织实施

（一）机构

全总社会联络部承担部委协同机制办公室职责，指导地方联动机制建设，维护劳动领域政治安全；承担全国总工会维护劳动领域政治安全工作领导小组办公室职责，指导地方工会健全完善维稳工作制度机制，维护职工队伍和社会稳定。

（二）机制

为深入贯彻总体国家安全观，全面落实“五个坚决”要求，全国总工会和地方各级工会全面建立并认真实施落实“五个坚决”要求长效机制，有效管控、处置劳动领域涉政涉稳突出风险。

（三）载体

全国总工会牵头成立部委协同机制，会同有关部委，共同应对处置劳动领域突出风险，共同研究解决劳动领域重大问题，切实维护劳动领域安全稳定和职工群众合法权益；全总本级设立维护劳动领域政治安全工作领导小组，相关职能部门、产业工会共同研判劳动领域问题风险，集中力量解决劳动领域突出问题。地方各级工会参照全国总工会做法，外部会同有关部门成立地方联动机制，内部设立领导小组，统筹推进维护劳动领域政治安全工作。

第十三章　财务、资产管理

工会财务、资产管理包括经费管理、预决算管理、会计管理、财务资产监督管理等方面工作，承担着管好、用好工会经费与资产的任务。工会经费与资产依法独立管理，主要用于为职工服务和工会活动，具体使用管理办法由全国总工会制定。工会财务实行“统一领导、分级管理”体制，工会资产实行“统一所有、分级监管、单位使用”体制，各级工会资产终极产权归全国总工会。本章包括经费管理、财务监督、资产监督管理等内容。

第一节　经费管理

一、目标要求

依据《工会法》和《中国工会章程》等有关规定，在现行五级财务管理体制下，加强统一领导，各级工会承担主体责任，积极组织收入，努力扩大财源，充实工会财力，通过深化工会财务管理改革，逐步建立权责清晰、财力协调、区域均衡的工会经费分配关系，不断完善规范透明、标准科学、约束有力的工会预算管理制度，为工运事业和工会工作提供财力服务和保障。

二、工作内容

（一）工会预算与决算管理

工会预算是各级工会组织及所属预算单位按照《工会预算管理办法》规定程序核定的年度收支计划。工会预算管理是各级工会对工会预算的编制、审批等工作进行规范的管理行为。工会预算管理坚持统筹兼顾、勤俭节约、量力而行、讲求绩效和收支平衡的原则。工会及所属预算单位的全部收入和支出都应当纳入预算，无预算不得支出。各级工会应当根据上级工会要求和年度工作计划科学编制预算，编制完成的预算草案按规定经审查、审议程序后，应及时报上级工会审批或备案。

预算绩效管理是以工会经费支出结果为导向的预算管理模式，应按规定融入预算编制、执行全过程，以达到有效提升工会资金配置效率和使用效益的目的。

工会决算是各级工会按照《工会决算报告制度》等规定，在年度终了依据会计核算结果编制的综合反映本单位预算执行情况的总结性文件。决算工作要求真实准确、内容完整，履行必需的批复或审核备案程序，按照《会计档案管理办法》对决算报告资料进行归档保存。

各级工会审核编制并逐级上报本级汇总预算和汇总决算。全国总工会负责省级工会年度经费收支预决算审查备案。全总财务部负责汇总编制全国工会总预算和总决算。

（二）工会经费收支管理

1. 工会经费收入。工会经费收入是指工会根据《工会法》以及有关政策开展业务活动所取得的非偿还性资金。《工会法》明确规定了工会经费的 5 项来源：（1）工会会员缴纳的会费；（2）建立工会组织的用人单位按每月全部职工工资总额的 2% 向工会拨缴的经费；（3）工会所属的企业、事业单位上缴的收入；（4）人民政府的补助；（5）其他收入。

2. 工会经费支出。工会经费支出管理原则包括经费独立、遵纪守法、预算管理、勤俭节约、民主管理以及为职工服务原则。工会经费支出包括职工活动支出（职工活动组织支出）、维权支出、业务支出、行政支出、资本性支出、补助下级支出、对附属单位支出及其他支出。

工会经费支出的管理办法由全国总工会和省级工会根据事权与支出责任分级制定。全国总工会制定工会经费收支管理办法，主要用于界定工会经费的收支范围。省级工会制定工会经费收支管理办法的实施细则，主要是在全国总工会界定的收支范围内，细化内容、明确具体标准。各级工会保障工作开展的各项开支应严格执行所在省级工会制定的实施细则。

工会经费支出须严格遵循经费使用的“八不准”。各级工会应不断健全内部管理制度，严守底线，确保经费支出的合法合规性。

（三）工会会计管理

工会会计是核算、反映、监督工会预算执行和经济活动的专业会计。各级工会根据有关规定，开立银行账户并独立核算。按照《工会法》《会计法》《会计基础工作规范》《会计档案管理办法》《工会会计制度》等制度规定，规范工会会计工作，包括：设置会计人员，建立财务制度，组织会计核算，填制凭证、登记账簿、编制会计报告、管理档案等。县级以上工会应当设置会计机构，配备专职会计人员。基层工会应当根据需要，设置会计机构或者在有关机构中设置会计人员，并指定会计主管人员；不具备设置条件的基层工会，应当委托经批准设立从事会计代理记账业务的中介机构代理记账。

三、组织实施

（一）机构

各级工会应设立专门的财务管理部门或岗位，负责工会经费的收缴管理、预决算编制、会计核算等工作。

（二）机制

拨缴工会经费实行分成制，全国总工会按照各级工会实际确定相应经费分成比例，基层工会经费留成比例不低于60%，省以下各级工会经费比例由省级工会确定。为将更多的经费和资源向基层工会倾斜，全国总工会对特定基层工会实施专项经费支持政策，支持省级工会对所属基层工会实施差异化管理。

（三）载体

工会经费收缴目前有3种方式：税务代收、财政划拨和自主收缴。充分利用信息技术手段，如电子支付、网上银行、电子票据等，提高经费收缴的便捷性和效率。

第二节 财务监督

一、目标要求

建立健全“制度+规范+数智”的工会财务监督体系，实现从全国总工会，省、市、县总工会到基层工会的穿透式、实时动态监督，全面覆盖各级工会和各类工会资金。健全内控制度，严肃财经纪律，规范财务行为，预防舞弊行为，坚持业财融合，全面提升财务工作服务保障能力。

二、工作内容

建立健全监督制度。按照“管理好本级、报告上一级、指导下一级”工作要求，全国总工会建立完善财务监督体制机制，制定工会财务监督制度，重点监督省级工会财务工作，并向全国总工会党组报告。各省级工会根据《工会财务监督暂行办法》，制定本级财务监督实施细则，督促下级工会按照规定程序开展监督检查工作，并向上级工会报告。

突出检查重点。重点检查落实中央八项规定及其实施细则精神；工会经费计拨、收缴与票据使用管理；工会预、决算编审，预算执行和绩效评价；财政拨款、上级补助资金管理；经费开支的真实合法；会计基础工作；内部控制建设；工会银行账户管理；工会公募性基金、公益性项目、职工互助保障等类金融业务等方面的问题。

坚持问题导向。配合巡视巡察、国家审计、财会监督、工会审查审计、资产监督的检查工作，用好监督成果，强化立行立改和持续改进，确保所有发现的问题整改落实到位。

三、组织实施

（一）机构

根据“统一领导、分级负责、下管一级”的财务监督工作体制，全总财务部负责管理和指导全国工会系统的财务监督工作。省级以下总工会财务部门负责组织和实施对本级和下一级工会的财务监督工作。基层工会健全完善并严格执行财务制度，积极支持配合上级工会财务监督检查。

（二）机制

坚持“全程监管、持续改进”的工作机制，全程监管是全过程、全层级、全链条监督，确保财务工作全过程依法合规，重点审批环节严格规范；持续改进是根据党中央的部署和职工群众的要求，依法依规对中心任务、年度工作和经费安排进行适当调整优化。

（二）载体

1. 内部控制建设。突出“制度 + 流程”，根据制度细化标准财务流程，明确重点环节、控制要点和责任要求。

2. 财务监督检查。针对重要制度执行、重大资金使用、重点单位运行进行财务检查，做到日常监督和专项监督相结合，事前事中事后监督全覆盖。

3. 发挥监督合力。财务监督和资产监督、经审监督等各方监督融通，配合参与巡视巡察工作，实现多维联合监督。组建财务管理专家团队，聘请第三方专业机构，协助开展财务检查评审。

4. 运用数智化手段。加快工会财务一体化系统建设应用，建优工会财务资产监管 ERP 系统，实现工会信息系统一体连通，充分运用人工智能、大数据技术，做到监督“如影随形、有警必报”。

第三节　资产监督管理

一、目标要求

坚持公益性、服务性、基层性，健全完善全面覆盖、职责明确、制度健全、监管有力的监督管理体系，维护工会资产合法权益，确保工会资产安全完整、保值增值和有效利用，更好为履行工会社会职能服务。任务是健全完善“统一所有、分级监管、单位使用”的工会资产监督管理体制，推动“全程监管、持续改进”，以制度建设为主线，落实资产占有、配置、使用、处置、收益的全链条监管职责，全面提升、持续优化监管效能，实现“设施完好、内容优质、线上线下、物尽其用”，为工会工作提供有力的物质基础保障。

二、工作内容

（一）工会资产基础管理

通过组织、协调、监督和控制等方式，在工会资产产权界定和登记、盘点、清查、配置、统计、评估、处置等各环节，对工会资产的占有、使用、收益和处置进行管理。加强工会资产基础管理，有利于壮大工会资产，增强工会物质基础和经济实力；有利于促进工会企事业完善服务体系，提高服务职工的能力和水平；有利于维护工会资产所有者的权益，发挥工会桥梁纽带作用。

工会资产产权界定和登记是工会资产基础管理的核心环节。各级工会依法界定划分工会资产所有权以及占有、使用、收益和处分等权利的归属，明确工会资产产权主体行使权利的资产范围及管理权限，对占有的资产进行产权登记并办理权属证明，规范资产处置，推动数智化建设精准高效，赋能工会资产管理，加强工会资产保护。

（二）工会资产工作制度建设

工会资产工作制度是工会资产工作行为规范和准则，主要包括《财政部关于进一步加强党的群团组织资产管理工作的指导意见》《中华全国总工会关于加强工会财务管理、资产监督管理和经费审查审计监督的意见》《工会资产监督管理办法》《全国总工会本级企事业单位资产监督管理办法》《全总本级企事业单位综合考核办法》《中华全国总工会本级固定资产管理办法》《中华全国总工会本级基本建设项目管理办法》等。工会资产工作制度建设，要形成制度制定、制度执行、制度反馈、制度督查、制度完善的闭环，建立健全系统完备、科学规范、运行有效、监督有力的工会资产工作制度体系，依法、依规、依章程、依制度监管工会资产。

加强工会资产工作制度建设，要整体规划、科学安排，以出资人制度为核心，明确工会资产工作方向、原则、职责、体制、任务、思路和途径，明确工会企事业改革发展的目标和任务，实现有章可循、有据可依，推动工会资产工作持续健康发展。

各级工会及其资产监督管理部门要充分认识工会资产的特殊属性，树立资产工作制度意识，以实际行动维护制度权威，将制度规定转化为指导开展各项工作的客观行为准则，对重点对象、重点环节、重点部位加强监督，在实践中检验、修正、完善和发展工会资产工作制度，实现制度化监督管理，形成用制度管人、按制度办事的工会资产工作制度建设长效机制。

三、组织实施

（一）机构

全国总工会及各级工会设立资产监督管理机构，主要职责是对工会行政性资产和企事业资产统一归口管理；对工会资产配置、使用、处置、收益等关键环节进行全过程监督；对工会企事业发展改革工作进行指导。

各级工会资产监督管理机构在授权范围内履行出资人职责，享有所有者权益。地方总工会资产监督管理机构接受全国总工会资产监督管理部指导和监督，执行其制定的规章制度。

（二）机制

坚持统一所有。在全国总工会拥有终极所有权的前提下，建立和完善工会资产监督管理体系，做到政策法规统一、监管权力统一、监管范围统一、监管流程统一。

坚持分类监管。对工会行政性资产、事业资产、企业资产、社团协会资产及工会事业单位中的经营性资产分类监管，确保安全完整、保值增值。

坚持权利、义务、责任相统一。工会资产监管机构享有资产收益权、参与重大决策和选择管理者等出资人权利，履行出资人义务，维护工会企事业经营自主权，承担监管工会资产、实现资产保值增值、办好工会企事业等职责。

（三）载体

考核评价工作。根据工会企事业单位的不同功能和类别，合理设置考核权重，科学开展考核，将高质量发展、经济增长、激励要素等纳入配套考核。强化刚性约束，将考核结果与领导班子薪酬挂钩。

资产管理情况报告。县级以上工会资产监管机构每年向上一级工会资产监管机构和同级工会经费审查委员会，按照全国总工会明确的报告范围、分类、标准，科学、准确、及时报告所辖工会资产管理情况。

监督检查工作。定期开展工会资产工作监督检查，把监督检查工作经常化、制度化，发现问题及时整改。

数智化管理。推进工会资产监管信息系统建设，建立工会资产管理数据库系统，实现信息化、动态化监管。

第十四章　经费审查审计

工会经费审查审计工作（简称工会经审工作）是指工会经费审查委员会（简称工会经审会）对工会经费收支、资产管理等全部经济活动依法进行审查审计的经济监督。主要任务是促进工会政策措施贯彻落实，促进收好、管好、用好工会经费，促进工会资产安全、完整和效益，促进工会经济活动的规范运作。本章包括经费审查和审计等内容。

第一节　经费审查

经费审查是工会经审会依照法律和《中国工会章程》规定的职责、权限和程序，对工会经费收支、资产管理等全部经济活动的真实性、合法与效益实施的审查监督。

一、目标要求

推动预算安排和政策更好地贯彻落实党中央重大方针政策和决策部署；提高预算编制质量和预算执行规范化水平，推动实施全面规范、公开透明的预算制度；加强对预算的全口径审查和全过程监管。

二、工作内容

（一）审查工会经费收支预决算情况

工会经审会坚持以审计为基础，每年对同级工会预算草案、上半年预算执行情况、预算调整、决算草案开展全口径审查和全过程监督。重点审查工会经费预算编制的科学性、合理性，预算执行的严肃性、准确性，决算的真实性、合规性。

（二）审查工会所属企事业单位经济活动及其效益情况

工会经审会每年对工会所属企事业单位经济活动及其效益情况开展审查，根据其行业特点区别对待，兼具社会效益和经济效益。重点审查工会企事业单位的重大政策落实、内部制度建设、风险防范和主要负责人履行经济责任情况等方面。

（三）审查工会资产管理情况

工会经审会每年听取和审议同级工会资产管理情况报告，重点审查工会资产监督管理制度是否健全有效，涉及工会资产的重要项目和重大投资决策的程序合规性，资产购置、使用、处置的合规性等。

（四）审查其他重要事项

工会经审会对工会专项资金管理和使用、重大项目等开展审查，重点审查专项资金管理制度是否健全，专项资金收付是否及时、是否专款专用，专项资金发放手续是否齐全，建设项目尤其是重大建设项目决策程序的合规性；等等。

三、组织实施

（一）机构

各级工会经审会及其办公室是工会经费审查监督的组织机构。经审会应与同级工会委员会同时考察、同时报批、同时选举产生。工会经审会办公室是经审会的日常工作机构，承担工会经费审查审计监督工作。各级工会经审会全体委员会议或经审会常委会会议依照有关规定和程序，就有关事项进行审议、发表意见或建议并作出审查报告，并报同级工会党组织。

一般情况下，年初召开全委会会议，主要对工会经费收支预算、决算情况，工会资产监督管理情况等进行审查。年中召开常委会会议，主要对上半年工会经费收支预算执行和资产监督管理情况、预算调整和追加、工会重大项目及其他重要经济事项进行审查。

（二）机制

健全完善以审计为基础的审查监督机制，扎实履行审查监督基本职责。工会经审会在对经费收支预算、决算情况进行审查时，必须以审计为基础，应首先听取工会经审会办公室关于本级工会上年度经费预算执行情况的审计报告和关于本级工会本年度预算（草案）的审计报告。如果国家审计机关或上级工会对本级工会年度预算执行（或财务收支）情况进行了审计，会议应同时向委员们通报审计有关情况，不得“以会代审”。

第二节　审计

工会审计是指各级工会经审会在同级工会党组织领导下，依照法律法规和《中国工会章程》规定的职责、权限和程序，对工会财务收支、资产管理、内部控制、风险管理等全部经济活动实施独立、客观的监督、评价和建议的活动。工会审计实行“统一领导、分级管理、分级负责、下审一级”工作体制，遵循“依法审计、服务大局、突出重点、注重实效”的工作方针。

一、目标要求

坚持党对工会经审工作的全面领导，落实“构建集中统一、全面覆盖、权威高效的审计监督体系”总要求，坚持全面覆盖与突出重点相统筹、发现问题与推动整改相结合、现场审计与数智赋能相联动、经审监督与其他监督相贯通，着力构建“六个三”的工会经审监督工作体系，依法全面履行审查审计监督职责，保障工会工作高质量发展。

增强预算执行和其他财务收支的真实性、合法性和效益性；促进工会资产保值增值、防范化解重大风险隐患；促进工会经费合规管理，提高工会经费使用效益，维护工会资产安全；促进工会建设项目规范管理；强化干部管理监督、促进干部履职尽责、担当作为；提高工会内部控制制度的健全性和有效性；推动党和国家相关重大经济社会政策措施和全国总工会决策部署落地落实。

二、工作内容

（一）工会预算执行情况审计

对同级工会和下一级工会预算执行情况及其他财务收支的真实性、合法性和效益性实施的审计工作。

（二）工会经费计拨情况审计

对建会单位在工会经费的计提、申报、拨缴、上解等方面情况实施的审计工作。

（三）工会企事业单位审计

对工会所属企事业单位全部经济活动的真实性、合法性和效益性实施的审计工作。

（四）工会建设项目审计

对本级工会及其所属企事业单位的新建、改建、扩建及维修改造等建设项目实施的审计工作。

（五）工会领导干部经济责任审计

围绕权力运行和责任落实，对本级工会内部管理的领导人员履行经济责任审计，重点关注贯彻落实党和国家经济方针政策和决策部署、工会重点工作部署，本单位重要发展规划制定、执行和效果，重大经济事项决策财务收支和经济运行风险防范，以及廉洁从政等情况进行的审计工作。

（六）工会专项资金审计

对上级工会拨入、本级工会预算安排、政府财政或相关部门拨入、企事业单位及个人捐赠的帮扶资金、送温暖资金、劳模资金、救灾慰问款等具有专门用途资金的筹措、拨付、管理和使用情况组织实施的审计工作。

（七）工会内部控制审计

对工会及其所属企事业单位内部控制设计的合理性和运行的有效性实施的审查工作。

（八）工会绩效审计

对工会及所属企事业单位经费使用、资产运营及相关经济活动的经济性、效率性和效果性实施的审计工作。

（九）政策落实跟踪审计

对本单位及所属单位发展规划、战略决策、重大措施以及年度业务计划执行情况实施的审计工作。

三、组织实施

（一）机构

各级工会经审会及其办公室按照《中国工会审计条例》相关规定开展审计。工会审计基本工作流程包括制定年度审计项目计划、审计准备、审计实施、审计报告及审计发现问题整改等。

（二）机制

构建审计计划、组织实施、复核审理、督促整改等既相互分离又相互制约的审计工作质量控制机制，加强全流程审计质量管控。健全工会审计查出问题整改长效机制，坚持揭示问题与推动解决问题相统一，做实审计整改“下半篇文章”。构建审计整改责任体系，被审计单位负主体责任，相关职能部门负监督责任，经审会负责全面督促检查。

深化审计结果运用，推动把审计结果及整改情况作为对相关单位、部门绩效考核的重要依据，作为考核、任免、奖惩被审计领导干部的重要参考。

建立健全审计整改约谈和责任追究机制，对存在严重违规违纪违法问题的单位和人员，或者对问题拒不整改、推诿整改、敷衍整改、虚假整改的单位和人员，有管理权限的党组织、纪检监察、组织人事或有关部门要依规依纪依法追责问责。

第十五章　外事、港澳台工作

工会外事工作是我国民间外交工作的重要组成部分，是工会整体工作一个重要方面。工会外事工作始终坚持在党的领导下，紧紧围绕党和国家中心任务，按照党中央关于国内外形势的科学研判和关于民间外交的决策部署，推进工会对外交流与合作，为增进世界各国劳动者福祉、推动构建人类命运共同体，促进世界和平、发展、合作、工人权益和社会进步作出积极贡献。工会港澳台工作是党和国家港澳台工作的重要组成部分。多年来特别是党的十八大以来，工会贯彻党中央关于港澳台工作的大政方针，充分发挥民间交流优势，不断深化与港澳台工会和职工的交流交往和合作，在推进“一国两制”实践和祖国统一进程中发挥了重要作用。本章包括外事工作和港澳台工作等内容。

第一节　外事工作

一、目标要求

面对百年变局的加速演进，立足艰巨繁重的国内改革发展稳定任务，工会外事工作在习近平新时代中国特色社会主义思想特别是习近平外交思想指导下，为营造全面推进强国建设、民族复兴伟业的良好外部环境，推动构建人类命运共同体，促进世界和平发展与公平正义，增强中国工会在全球劳工治理中的影响力、感召力和塑造力，切实维护我劳动领域政治安全作出新的更大贡献。

二、工作内容

中国工会在习近平新时代中国特色社会主义思想特别是习近平外交思想指导下，坚持“独立自主、互相尊重、求同存异、加强合作、增进友谊”的方针，在独立、平等、互相尊重、互不干涉内部事务的原则基础上，不断推动和深化同世界各国工会、区域和国际工会组织的交流与合作。截至目前，中国工会已与150多个国家、400多个工会组织建立了友好关系，形成了全方位、多层次、宽领域的工会对外交往格局。

（一）宣传宣介

在对外交流交往活动中讲好中国故事、中国工人阶级故事、中国工会故事，是中国工会增强国际传播整体效能，扩大在国际劳工领域影响力和感召力，提升国际劳工界对中国、中国工会亲近感和认同感的重要方式。

宣传宣介的主要内容：

1. 习近平新时代中国特色社会主义思想；

2. 新时代以来历次中国共产党全国代表大会及全会精神；

3. 习近平总书记关于工人阶级和工会工作的重要论述；

4. 中国特色社会主义工会发展道路，包括工会的理念主张、实践成果、创新案例和经验做法等；

5. 就国际和区域劳工事务、国际工运热点焦点问题、涉华劳工问题表明中国工会的立场态度，提出中国工会方案等。

（二）交流合作

根据独立、平等、互相尊重、互不干涉内部事务的原则，与世界各国工会组织、区域和国际组织开展双边或多边交流活动及务实合作，是中国工会增进我国工人阶级同各国工人阶级的友谊，发展同各国工会组织、国际和区域工会组织的关系，推动人类命运共同体理念在国际劳工界落地生根的重要手段。

交流合作的主要方式：

1. 互派双边访问团组，就工会工作、工会合作、职工权益等问题进行深入探讨，巩固友谊、分享经验、加强合作；

2. 出席国际劳工组织会议及工会多边合作机制会议，就国际劳工事务中热点和焦点问题进行沟通协调，推动全球劳工治理向更加公正合理方向发展；

3. 举办或参加国际研讨会、培训班等，就参会方共同感兴趣的问题交流研讨，谋求更多利益汇合点，凝聚更广泛的共识；

4. 开展项目合作，与国际劳工组织、友好组织和机构等在工会能力建设、劳工权益保护、性别平等、技能培训等方面开展务实合作。

（三）“一带一路”建设

共建“一带一路”是习近平总书记深刻思考人类前途命运以及中国和世界发展大势，推动中国和世界合作共赢、共同发展作出的重大决策。促进“民心相通”，助力共建“一带一路”高质量发展，是工会外事工作的一项重要工作内容。

工作的主要着力点：

1. 健全完善外国工会干部培训工作体系，与国家留学基金委合作推进“一带一路”共建国家工会干部汉语研修奖学金项目，举办世界工联、非工统、老挝、柬埔寨等国际、区域和友好国家工会干部培训班等；

2. 持续开展外国工会能力建设援助和小额援助项目，为友好组织提供力所能及的物资和资金援助，新冠疫情期间以实际行动推动工会抗疫国际合作，举办中蒙、中哈、中塔、中俄、中老、中越边境口岸职工交流慰问活动；

3. 搭建职工人文和技能国际交流平台，举办上合组织、中非、中挪、中赞、中缅、中哈、中巴等多双边职工交流营及技能大赛等活动；

4. 为“一带一路”共建国家中资企业办实事、解难事，深入开展海外中资企业劳动关系状况调研，举办服务走出去企业干部培训班，搭建中资企业与当地工会的沟通平台，推动海外中资企业构建和谐劳动关系。

（四）国际劳工事务

国际劳工组织成立于1919年，是联合国负责劳动就业、社会保障等社会事务的专门机构。该组织187个成员的政府、工人和雇主代表在审议制定劳工标准、政策和计划过程中享有平等发言权。中国是国际劳工组织创始成员国之一。1971年，国际劳工组织恢复中华人民共和国合法席位。1983年，中国正式恢复在该组织的活动。自2011年以来，中国工人代表连续5次成功当选国际劳工组织工人正理事。中华全国总工会通过国际劳工组织平台积极参与全球劳工治理，代表广大发展中国家工会发声，维护发展中国家劳动者权益。与此同时，加强与国际劳工组织工人活动局的合作，推进实施工会南南合作项目，赢得了亚太和非洲地区发展中国家工会广泛赞誉。

二十国集团劳动会议是二十国集团框架下的工会多边合作机制，旨在通过二十国的工会组织定期召开会议、协调立场、发表联合声明，对二十国集团经济和社会政策施加影响，更好维护各国劳动者权益。中华全国总工会于2016年承办了二十国集团劳动会议。

金砖国家工会论坛是金砖国家合作机制框架下的工会多边合作机制，旨在团结金砖乃至“全球南方”国家工会维护广大发展中国家劳动者权益。中华全国总工会是该论坛的积极倡导者和推动者，于2017年、2022年两次主办论坛，并派代表出席了历次论坛。

三、组织实施

（一）机构

1. 全总国际联络部。负责统一管理和协调工会国际联络工作，落实与国际、区域组织及各国工会间的交流合作项目，开展国际工会运动重大问题及各国工运状况调研，配合党和政府归口管理部门协调处理涉我国际劳工事务。

2. 中国职工对外交流中心。负责工会系统出国（境）培训工作以及有关技能人才出国（境）培训工作。开展中外职工技能、人文等领域的交流活动。

3. 各省级总工会、计划单列市总工会外事工作部门。开展中外地方工会间友好交流与合作。

（二）机制

1. 来访团组（含培训班）接待工作机制。涉及来访相关事务，如来往信件、接待请示、邀请函、接待计划和简报、费用预算和报销等，已形成完整的闭环管理运行机制。

2. 出访团组（含出席国际会议）工作机制。涉及出访相关事务，如外方邀请函、出访任务和人选请示、费用请示和报销、出访报告等，已形成完整的闭环管理运行机制。

3. 对外援助工作机制。涉及对外援助相关事务，如年度援助计划、援助方式、援助金额等，均按照中央和全国总工会有关规定执行。

4. 重要外事工作请示报告机制。按照中央和全国总工会有关规定，严格履行报批手续。

（三）载体

1. 国际劳工组织会议。如国际劳工大会、国际劳工组织理事会会议、技术会议等。

2. 工会多边合作机制。如二十国集团劳动会议、金砖国家工会论坛、上合组织工会领导人会议、中国—中亚工会研讨会等。

3. 双边和多边交流活动及合作项目。如代表团互访，出席外国工会组织代表大会、双边和多边研讨会，开展工会南南合作项目，参加国际劳工组织技术培训、“一带一路”职工人文交流、上合组织国家职工交流系列活动等。

4. 媒体和网络平台。如《工人日报》、中工网、“职工之家”APP、各级工会微信公众号和出版物等。

第二节　港澳台工作

一、目标要求

以习近平新时代中国特色社会主义思想为指导，全面准确、坚定不移贯彻“一国两制”方针，坚定不移推动两岸关系和平发展、融合发展，健全完善相关制度机制和平台载体，不断深化海峡两岸以及内地与港澳工会和职工之间的交流合作，提升职工素质，增进职工福祉，凝聚职工共识，为推进“一国两制”成功实践、祖国统一大业和民族复兴伟业作出工会组织重要贡献。

二、工作内容

深化顶层设计，研究制定工作规划，指导拓展平台载体，打造品牌活动，示范推动地方工会和港澳台工会积极开展交流合作。

（一）交流合作

全国总工会与港澳台工会和职工的交流合作分别始于20世纪70年代末、90年代初。新时代以来，全国总工会深入贯彻落实中共中央对港澳台工作方针，与港澳台地区有关工会及劳工组织保持密切联系和交流合作，年均组织逾千人次工会干部和职工互访交流。立足工会主责主业，围绕加工制造、餐饮服务、交通运输等行业开展职工技能交流和文体活动，促进内地（大陆）与港澳台职工交流互鉴。深化专业领域协作，重点推进民航、医药、海员、邮政、能源等行业劳模工匠、专家学者等交流互访。搭建互助共济平台，在港澳台遭遇自然灾害及疫情期间迅即启动应急响应，协调调拨救援物资及防疫装备；当内地（大陆）遭遇自然灾害时，协助港澳台工会积极筹措善款物资驰援灾区。通过构筑“技能为主、文体为媒、行业互鉴、互助共济”模式，逐步形成交流有载体、合作有平台、情感有纽带的多层次、宽领域交流合作格局，持续增进同胞情谊和共同福祉，推动内地（大陆）与港澳台职工越走越近、越走越亲。

（二）青年成长

将青年工作置于港澳台工作的重要位置，持续推动港澳台青年了解祖国、融入祖国发展大局，为全面推进中华民族伟大复兴汇聚青春力量。深化融合融通，搭建内地（大陆）与港澳台青年多维度交流平台，2007 年以来共举办近 20 期港澳台工会青年研讨营，并指导推动地方工会针对港澳台师生群体开展座谈交流、学术研讨、观摩实习等研学互鉴活动。强化人才培养，应港澳爱国工会要求，2000 年起开始举办中国劳动关系学院港澳工会成人高等学历教育，2024 年中国劳动关系学院进一步获得港澳台生招生资质。同时，积极举办内地（大陆）与港澳台青年学术交流活动和技能竞赛，不断提升青年素质。筑牢文化认同，与澳门工会合作举办澳门青年职工主题读书活动，组织港澳台同胞参观承载共同记忆的历史场所及红色教育基地，加大中国故事、中国工人阶级故事、中国工会故事宣介力度，不断增进港澳台青年中华民族共同体意识，共同守护好中华民族精神家园。

（三）融合发展

落实中共中央有关决策部署，积极推动港澳台职工享受同等待遇，共享中国式现代化成果，不断增强港澳台职工参与感、融入感、归属感。同等评优评先，2019 年全国总工会与有关部委共同印发《关于将在内地（大陆）工作的港澳台职工纳入当地劳模等荣誉称号评选范围的通知》，2024 年再次印发补充通知，持续推进相关工作。建立健全获荣港澳台职工信息库，为选拔优秀港澳台职工代表参与重大活动等提供数据支撑。截至 2024 年底，共有 32 名港澳职工、188 名台胞职工获得省市级荣誉称号。共享发展平台，强化工会数字化阵地建设，做好在“职工之家”APP 发布便利在内地（大陆）港澳台同胞工作、生活的政策措施信息工作。搭建数字素养培育平台，组织港澳台职工参加数字行业技术比武和竞赛活动，助力其提升数字技能。同等建会入会，加大港澳台职工集中地区工会组织建设力度，支持香港工会联合会内地咨询服务中心、澳门工会联合总会广东办事处、台胞台企工会联合会等建设。共享维权服务，对在内地（大陆）工作的港澳台职工开展就业咨询、创业扶持、技能培训及慰问帮扶、助学支持、医疗互助、法律援助，了解港澳台资企业及港澳台职工急难愁盼问题并推动解决。

三、组织实施

（一）机构

1984 年全国总工会成立中国职工对外交流中心（加挂中国职工交流中心牌子），除组织中外职工交流外，还负责与港澳台工会和职工的交流合作工作，大多数省级地方工会参照全国总工会做法设立了本级工会职工对外交流中心，负责本地区工会港澳台工作。

（二）机制

构建“中央部署安排、全总统筹协调、地方联动落实”的工作机制，全国工会系统“上下一盘棋”合力做好港澳台工作。全国总工会坚定不移贯彻“一国两制”、“港人治港”、“澳人治澳”、高度自治的方针，坚定落实“爱国者治港”“爱国者治澳”原则，持续深化与港澳地区工会和劳动团体的机制化交流合作，求同存异，增进团结，促进香港、澳门长期繁荣稳定；坚持一个中国原则和“九二共识”，贯彻落实新时代党解决台湾问题的总体方略，稳步推进与台湾工会和劳动界交流往来，坚定不移推进祖国统一大业，作出工会组织积极贡献。

随着“一国两制”实践和台海局势的发展变化，全国总工会着眼党和国家战略，不断完善工作机制。健全政策制度体系，研究制定了正确处理与香港工会关系的意见、工会系统与台湾工会交流规范指引、提升工会系统对台交流效能的意见等，为工会港澳台工作提供了基本遵循。推动地方机制创新，鼓励重点省、市总工会结合区位优势，出台具有地域特色的交流机制和管理办法。建立长效合作机制，指导建立粤港澳大湾区工会联席会议制度，促进湾区经济建设、工会建设和职工融合发展。强化干部队伍建设，充分发挥全国工会港澳台干部培训班的指导引领作用，着力提升工会港澳台干部的政治素养和专业能力，努力打造高素质、专业化干部队伍。

（三）载体

强化品牌项目示范引领作用，通过举办港澳工会“五一”代表团、港澳台工会青年研讨营、海峡两岸工会论坛、海峡职工论坛等品牌活动，打造海峡两岸百工百业交流活动、港澳与内地职工技术技能“互学互鉴”交流研讨营等品牌项目，持续深化交流互鉴，增进港澳台职工国家认同、民族认同和文化认同，厚植家国情怀，弘扬爱国精神。推进实体平台创新构建，构筑“工会合作—职工互动—创新创业”的递进式平台，指导地方工会建立粤港澳大湾区职工服务中心、“两岸职工会客厅”、海峡两岸职工创新创业创造中心等，布局穗港澳职工交流服务基地、闽台职工交流基地等融合型服务阵地，与港澳工会合作共建境外职工书屋等。通过各类载体有效拓展工作广度、深度，有力增进港澳职工对祖国的认知认同，进一步凝聚两岸职工反对“台独”、推进祖国统一进程的广泛共识。

第十六章　体系化、数智化

体系化是制定工会业务体系架构，构建工会工作标准。数智化是基于数字技术、人工智能和工会业务标准体系，推动工会工作高质量发展的基础性工作。工会体系化、数智化建设的目的是大幅提高工会工作总效率、总能力和总水平。本章包括体系化、“职工之家”APP、智能 OA 系统、管理驾驶舱、行业大模型等内容。

第一节　体系化

一、目标要求

工会业务体系化按照结构化、要素化、流程化、标准化等要求，遵循“目标引领、业务拆解、细化标准、执行落地、总结反馈、升级迭代”的逻辑，通过系统规划、整合资源、健全制度和完善流程，梳理工会各业务板块、各工作环节间内在联系，对工会工作进行系统性重构和标准化管理，优化组织架构、明确职责权限，再造服务流程、规范业务活动，实现工会业务与职责合理匹配，构建系统完备、运转高效、动态调适的工作体系。

二、工作内容

（一）工会业务体系

工会业务体系可从纵横两个方向划分。纵向主要是上下级关系，包括全国总工会，省级、市级、县级等地方工会及相应产业工会，基层工会等职责划分。从横向看，在同一层级上可以分3个方面8个体系：

1. 与党的关系方面：坚持党的领导体系，是工会工作的根本保证和政治方向。

2. 与职工的关系方面：

（1）职工思想政治引领体系，是工会组织的政治责任。

（2）职工建功立业体系，是工会工作的时代主题。

（3）工会维权服务体系，是工会组织的基本职责。

（4）工会构建和谐劳动关系体系，是工会工作的主线。

3. 工会自身内部关系方面：

（1）工会组织建设体系，是工会工作的基础。

（2）工会日常运转体系，是工会工作的运行保障。

（3）工会系统党的建设体系，是工会工作的政治保障。

（二）工会标准体系

工会标准是指为了统一流程、提升效率、规范操作、保障质量，按照规定的程序经协商一致而制定，为工会业务提供规则或指南，可供共同和重复使用的文件。工会标准体系是经过系统规划、具有明确结构、支撑工会系统整体发展需求的标准组合。

工会标准体系分为基础类标准、业务类标准、数据类标准等，涵盖工会主要业务流程和操作规范，旨在为工会干部提供清晰的工作指南，确保工会工作的科学性、规范性、稳定性。基础类标准是在一定范围内作为其他标准的基础并普遍适用的标准，包括标准建设指南、术语标准和分类标准等。业务类标准是针对特定业务活动制定的规范性文件，规定主要职责、办理流程、质量要求等内容。数据类标准是指为保障数据的内外部使用和交换的一致性、准确性和完整性而制定的规范性约束。

工会标准制定程序包括：

1. 需求调研。通过调研明确重点领域，制定标准研制计划。

2. 标准起草。按照 GB/T 1 标准化工作导则、GB/T 20001 标准编写规则等制定相关标准。

3. 征求意见。将标准征求意见稿向业务部门和地方工会征求意见。

4. 专家评审。组织专家对标准内容进行技术评审。

5. 批准发布。经全国总工会标准审查机制审定签批的标准，可以编号发布。

6. 评估与改进。定期评估标准化建设的效果，及时发现和解决问题，修订有关标准。

三、组织实施

（一）机构

专门工作机构。2025 年 3 月全国总工会办公厅《关于印发办公厅等 28 个部门（单位）职能配置、内设机构和人员编制规定的通知》确定，推进工会业务标准化工作职责由中国工运研究所承担，成立工会业务标准研究室，负责管理工会标准化工作。

设置联络员和工作组。全国总工会有关单位设立联络员，负责推进具体领域的业务梳理、标准制定与实施。在地方配备工会体系化建设联络员和工作组，参与有关标准的研制、评审、实施和反馈。

（二）机制

专家支持机制。联合国家市场监管总局、中国标准化研究院等标准化研究机构组成专家网络，协助做好评审论证等工作。

试点推广机制。选择典型地区或业务部门，打造样板标杆，总结经验后逐步推广。各单位制定、完善各自的业务工作体系，分批次制定形成标准文件，按规定流程推进标准发布及实施。

动态优化机制。定期评估体系化建设的效果，每年根据各单位修订情况，及时更新业务架构和标准体系，确保时效性和适应性。

（三）载体

业务体系图谱。依据工会职责任务，整合全局业务，构建包括按照主题、机制等不同维度，逐级分类细化至具体任务的完整体系。

下发标准文件。包括全国总工会层面制定的各类业务指南、规范和规程等，以及地方工会配套制定管理和操作手册等。全国总工会层面的下发方式为：成熟一批，打包印发一个标准文件集合。

第二节 “职工之家”APP

一、目标任务

（一）全国工会智慧服务中枢

“职工之家”APP是全国总工会推出的运用人工智能、大数据、区块链等最新前沿技术，汇聚工会系统服务应用的移动平台，是工会系统“一网通办”“一键入会”的顶层入口，为各级工会提供共性数智化服务支撑，赋能各级工会特色服务应用，为职工和工会工作者提供一站式直达服务，2024年7月1日上线运行。注册后可生成数字身份卡包，实现全国工会平台的统一登录和全功能覆盖。在全国总工会“职工之家”APP上，适配开发了数字身份、服务地图、服务矩阵、地方工会入口等核心功能模块，整合各类服务资源，对接各级工会的服务业务以及特色亮点，从而构建起逻辑统一、覆盖全国的服务平台，全维、全时、智能服务职工，推动工会工作线上线下数智化转型。

（二）构建覆盖全国的服务体系

通过推广与省级工会融合、与企业融通模式，“职工之家”APP 平台连通各省级工会及部分企业平台，构建服务协同、覆盖全国的高效服务体系，实现各省级工会和企业的特色服务应用打通与共享，提升工会系统凝聚力和服务效能。与各省级工会和企业现有的业务应用进行深度对接、融合融通，以高效率、低成本的方式，逐步构建起覆盖全国的工会服务矩阵，将“职工之家”APP 打造成全国工会服务的核心枢纽，确保职工随时随地都能便捷地享受到工会服务。

（三）构建全链路架构体系

在技术架构上，构建高效缓存机制，降低服务端压力，缩短响应时间，提升用户体验；建设高兼容性 APP 系统，适配主流手机终端；打造高并发、高可用的部署架构，提高并发处理效率和易扩展性。在数据架构上，基于全国总工会实名制数据汇聚渠道，实现地方数据向全国智慧数据库汇聚；依据全国总工会标准完成数据治理，形成统一标准的数据湖；依托共享交换平台，梳理编制信息资源目录，向地方工会共享标准数据，实现数据赋能。

二、工作内容

（一）学习专区

工会服务的核心板块，实时推送学习热点、工会头条等权威资讯，同步开放技能竞赛、权益讲座等活动发布渠道。

（一）职工群众服务区

线上服务职工主阵地，包括入会转会、职工书屋、大思政课、12351、法律服务、工会驿站 +、就业帮扶、困难帮扶、送温暖、劳模工匠、劳动竞赛、职工成果、产改专区、劳动保护、疗休养、健康助手、爱心互献、女职工家园、工人日报、职工互助、中工网、工会爱心餐、天天 415、工会暖新礼包等服务模块，为职工提供多元化的普惠服务。

（三）工会工作者服务区

工会工作者日常工作的工具箱，提供学习强会、站点采集、工作辅助、会籍管理、工会入驻、组织员管理等服务，助力基层工会高效开展工作。

（四）服务站点地图

基于职工实时位置，呈现周边15分钟职工服务圈服务阵地资源，实现精准服务。

（五）地方频道

整合全国31个省区市和新疆生产建设兵团总工会的地方特色应用，构建地方专区和统一的用户验证体系。职工通过区域定位，可访问专属地方频道，获取多样化精准服务，实现“一地认证、全国通行”。

（六）AI技术应用

运用人工智能技术，上线智能法律服务、健康助手、工会智语、就业帮扶等应用，提供智能化加持的法律问题解答、体检报告解读、职业病预防建议、智能回答工会相关业务问答、智能就业匹配等服务。

（七）职工服务生态系统

推进省级融合工作，实现各省APP与全国总工会“职工之家”APP无缝对接，共享工会系统数字化建设成果。在品牌建设上，构建统一品牌形象，制定设计标准和功能规范；在提升服务能力上，提供标准化基础服务和地方特色服务，保障用户信息安全，维护职工合法权益。

三、组织实施

（一）机构

全国总工会成立工会数智化工作领导机构，负责“职工之家”APP整体规划、统筹调度。全总办公厅牵头内容集成工作，网络工作部负责架构设计和技术工作，各业务部门负责具体功能模块的需求和建设实施。中国工人出版社负责整体运营，并与中国职工服务集团具体运营相关模块。

（二）机制

1. 定期督导机制。通过召开数智化建设工作专题会，听取“职工之家”APP 建设进展情况，推动共性问题、重大问题和实际难题的研究解决。

2. 项目化专班机制。业务部门建立专班，定期跟踪问效，协调推进进度。

3. 试点推广机制。试点先行，以点带面，逐步向各省级工会和企业积极稳妥有序推广。

（三）载体

1. 云平台建设：采用工会私有云 + 公有云部署，确保私有云数据安全，同时兼顾公有云弹性。

2. PC 端 + 移动端：采用 PC 端 + 移动端方式，满足广大职工群众和工会工作者多样化需求。

3. 工会大模型底座：以工会大模型支撑各类应用，构建垂类模式，将算力、知识库赋能各级工会。

第三节　智能 OA 系统

一、目标要求

以工会数智化发展需求为牵引，运用人工智能、大数据、云计算、区块链等新技术新应用，创新办公方式、革新办公流程，加快建设互联互通、共建共享的全国工会全维智能 OA 系统，实现办公全面智能化、工会业务大协同，为工会工作者提供专业、精准、便捷、智能的工作辅助，全方位提升工会工作的整体效能。

二、工作内容

（一）信息交流

协作交互功能，主要包括即时通讯、组织机构、内网资讯等模块，支持一对一或群组的文字、语音、视频实时交流，可分类推送通知公告、政策文件等信息，构建起高效协同的沟通体系。

（二）公文办理

文件流转功能，主要包括发文拟稿、收文登记、查询统计等模块，支持从拟稿、核稿、会签、签发到归档的全程电子化流转，提供标准化模板库和提醒功能，确保各类公文格式规范、办理及时，实现审批流程的智能推送和实时跟踪。

（三）事项审批

行政运转功能，主要包括外出活动审批、年度调研课题申报、重点调研课题事项、机关干部授课申请、年度会议、表彰计划申报等模块，具备智能提醒、电子签批、数据可视化分析等功能，实现审批过程全留痕、进度实时可查、历史记录一键追溯。

（四）日程与任务管理

效能提升功能，主要包括日程管理、信息直报、重大工作直报、团队协作（Teambition）、督办等模块，支持会议预约、日程共享和自动提醒，智能识别日程冲突；精准跟踪项目进展，合理分配任务，高效管理资源，提供从项目立项到结项的全生命周期管理服务；建立重点工作任务通报机制，实现工作进度实时可控。

（五）日常办公

基础支撑功能，主要包括办公用品采购、采购公示、会议室预订、工资查询、订餐服务、培训培养情况、帮助与反馈等模块，支持便捷开展办公用品采购、掌握最新采购公示信息、预订会议室、查询工资、了解培训培养最新动态、及时寻求帮助与反馈。

（六）系统集成

生态连接功能，主要包括智慧党建、智慧工会、ERP、合同管理、网上工作平台等模块，通过标准化接口将分散的办公服务系统整合为统一入口，实现跨部门、跨系统数据互联互通，同时具备可扩展性，根据工作需求灵活接入新的服务系统，打造“一个系统、全业务办理”的一体化数字办公生态。

（七）AI 智能辅助

创新引擎功能，主要包括智能助理、智能文档、智能会议、工会智语、智能写作等能力，可实现实时任务提醒、对接工会知识库回答工会基础知识、内容自动生成和智能校对、语音转写、会议纪要自动生成和任务分配跟踪等，提供个性化办公体验。

三、组织实施

（一）机构

智能 OA 系统日常由全总信息中心管理维护，设立专项工作小组，负责统筹使用培训、问题收集、沟通对接等工作；设立技术支持团队，配备系统维护人员，负责日常运维和技术保障。

（二）机制

建立“意见收集—研究论证—跟踪落实”全流程闭环工作机制，推动建设维护过程中的难点堵点及时发现、高效解决；建立持续优化机制，定期进行系统迭代升级，确保紧贴工作需要；健全安全保障机制，完善数据备份和应急预案。

（三）载体

智能 OA 系统采用 PC 端 + 移动端两大办公载体，满足工会工作者多样化办公需求。PC 端依托强大的桌面处理能力，界面布局合理，功能展示全面，适合需要进行深度办公操作、处理复杂文档和数据的场景。移动端则基于办公场景多元的特点而开发，打破了时空限制，让工会工作者可随时随地处理事务，提升工会办公的灵活性与便捷性。

第四节　管理驾驶舱

一、目标要求

管理驾驶舱，是以全国总工会一、二级工会工作指标体系和职工维权服务业务体系为依托，通过统筹工会系统内部数据、融合大数据及 AI 技术分析应用，构建的一站式决策支持管理信息中心系统、集成式数据展示平台，以实现各部门业务互联、信息共享，为全总党组、书记处及各级工会决策提供全面、动态的业务运行全景视窗。作为决策支持创新平台，管理驾驶舱致力于达成数智化感知、数智化服务、数智化决策、数智化改进 4 个关键目标，最终实现决策有依据、服务有温度、监管有抓手、风险有预见。

二、工作内容

（一）“12341”驾驶舱建设体系

“1”，即设置统一门户入口；“2”，即依托工会工作指标和维权服务业务两大核心体系；“3”，即按照使用者角色定位，搭建运行一级、二级、三级管理者的 3 类驾驶舱；“4”，即建设工会动态、职工队伍、宏观形势、重点工作 4 个信息舱；“1”，即夯实一个数据支撑基座，以数据赋能驾驶舱和特色专题的技术呈现。

（二）主要功能与应用场景

1. 主要功能。（1）数据汇聚。通过数据直连与多元交互，汇聚“职工之家”APP、地方工会、国家共享数据、大数据等全业务领域有效数据，实现全领域数据分析。（2）智能分析。融合运用 AI+BI，实现智能预警、智能下钻、智能预测、智能报表生成，挖掘数据价值，支撑全要素辅助决策。（3）可视化呈现。通过大屏、中屏、小屏多样终端，将复杂业务流程、数据和信息转化为直观、易懂的视觉形式，辅助快速理解业务状况，洞察关键信息，支撑全流程业务控制。（4）智能措施。红灯警示、下钻溯源探测分析、AI 模型智能分析后，使用者可直接在系统内批示、事项分派下发、消息直达指定部门和责任人，全局监控督办任务进度，完成结果在线反馈，支撑全过程协同办公。

2. 应用场景。（1）辅助决策。通过业务呈现、数据分析以及模型预测，为决策提供科学依据。（2）服务基层。通过信息整合与共享、基层需求预测、实时反馈沟通，服务各级工会及工会工作者。（3）资源调度。根据资源状况和会员需求，合理规划业务，同时根据算法和模型，对人财物等资源集中统一分配，提高资源使用效率，并针对存在问题，优化资源调度策略。（4）工作协同。实现工作任务实时分配，明确任务分工，并实时监控任务进度，随时沟通及时发现并解决执行中的问题。（5）应急联动。通过监测预警、问题核查、态势分析、协同执行，总结反馈形成应对事件的闭环。

三、组织实施

（一）机构

1. 决策层：由全总党组、书记处领导同志组成，主要负责统筹全局、协调资源与跨部门协作。

2. 执行层：由中国工运研究所人员组成驾驶舱项目建设专班，负责梳理需求清单、进行驾驶舱整体架构及内容设计、参与功能测试并提出优化建议。以公开招标方式，委托技术公司，组成由 IT 工程师、UI 设计师、数据分析师、AI 工程师等参与的技术团队，负责系统开发与迭代、可视化界面设计优化、功能实现等。

3. 运维层：由相关部门负责驾驶舱的日常运维、优化调整和迭代升级。

（二）机制

1. 数据更新机制：确立“日采集、周核验、月分析”的数据更新频率。

2. 敏捷响应机制：建立“基层提需求—专班定方案—领导小组审决策”的需求快速响应链条。

3. 迭代开发机制：采用“小步快跑”敏捷开发，每两周发布一次功能更新；设立“用户体验官”角色，由用户代表参与新功能内测。

4. 质量控制机制：将数据质量、系统使用率纳入分析体系，把控质量。

（三）载体

1. 云平台建设：采用工会私有云部署，确保私有云数据安全，同时兼顾公有云弹性。

2. 移动端应用集成：通过 OA 入口嵌入实现驾驶舱功能的移动化覆盖。

3. 工会大模型底座：对接大模型底座，融合工会垂直领域知识图谱与深度学习技术，支撑职工诉求智能解析与政策精准匹配。

第五节　行业大模型

一、目标要求

工会行业大模型旨在构建一个全面统一、先进高效的工会系统人工智能基础底座，围绕职工群众和工会工作者的实际需求，为工会精准服务、效率提升以及宏观决策等方面提供智能支撑。主要任务是依据职工的不同需求，提供定制化服务；为工会工作平台以及各省级工会开发应用提供共性基础支撑赋能；通过数据分析为工会的宏观决策提供有力支持，推动工会工作实现整体提升和跨越式发展。

二、工作内容

打造“123N”的人工智能应用支撑体系并配套模型调优、语料收集与治理、标准规范编制、算力租用、公有云大模型调用拓展，为工会工作提供稳定、高效的智能化支撑，为工会系统大模型应用的智能化建设提供有力保障。

“1”代表核心的一套工会行业模型，实现对工会工作的全面智能化升级。“2”是指 2 套关键平台：知识运营平台和大模型工具平台。两套平台相互协作，共同确保工会行业模型的高效运行和持续优化。“3”指 3 类工会行业模型应用能力集，包括问答生成、问数解析、智能办公。“N”代表通过 3 类工会行业模型应用能力，即可面向多个应用提供能力支撑。

（一）实施路径

工会行业大模型结合了工会工作的主责主业和技术落地的可行性，深度融合百度千帆模型、DeepSeek 人工智能大模型技术，在工会行业模型已具备大语言模型的基础上，接入知识中枢管理语料、知识树，面向各业务系统及各省级工会，打造可高度配置的语料、知识、权限赋能体系，促进知识共享共用，满足各业务系统和各省级工会在数据处理和分析方面的多样化需求。持续完善工会行业大模型管理体系、知识共享体系、应用支撑体系，构建全面统一、先进高效的“工会智脑”，助力工会工作实现高品质、跨越式发展。

（二）应用场景

面向困难帮扶（问答）、基层工作辅助（问答）、移动驾驶舱智能化应用场景、省级总工会智能问数、智慧党建等业务场景，提供大模型能力和技术支持。建设工会服务职工法务云（问答）、12351、工会智语、智能问数、写作助手、文生 PPT 等办公场景应用，助力工会工作提速增效。

1. 工会服务职工法务云。智能法律咨询服务能力是工会智能法律服务系统的重要服务之一，旨在通过先进的对话和问答技术、结合法律情形计算模型，为用户提供个性化、精准的法律咨询服务。

2. 工会智语。工会智语提供基于工会专属知识库的检索结果回答用户问题，是具备深度思考能力的问答应用。

3. 写作助手。写作助手基于工会行业模型实现通用 15 类公文写作、专业 4 类办公文件写作、AI 生成提纲、写作优化、参考素材写作、使用素材提纲、智能公文知识库等功能。

4. 智能问数。基于工会行业模型底座，打造数据的内部共享和数据应用，提高数据的利用效率和价值。提供生成式交互能力，高效准确地解决领导指挥决策以及办公场景中的数据信息问询及综合分析诉求，将复杂的数据转化为易于理解的图表和报告，使使用者能够更加直观地了解综合情况。

三、组织实施

（一）机构

全国总工会成立工会数智化工作领导机构，负责工会行业大模型整体规划。全总网络工作部牵头负责工会行业大模型建设与优化。

（二）机制

1. 建立协同推进机制。对工会应用人工智能探索中的共性问题、重大问题和实际难题协同各部门研究解决。

2. 建立人工智能素养培训机制。通过专题培训班和工会大讲堂等邀请专家学者，围绕人工智能、数智化建设实例等方面，开展线上、线下多轮培训，不断提升工会干部的数智化素养。

第十七章　党的建设

工会系统党的建设，以习近平新时代中国特色社会主义思想为指导，强化党对工会的全面领导，推进全面从严治党向纵深发展。本章包括党的全面领导、全面从严治党、党风廉政建设和反腐败工作等内容。

第一节　党的全面领导

一、目标要求

坚持以习近平新时代中国特色社会主义思想为指导，自觉用习近平总书记关于党的建设的重要思想、关于党的自我革命的重要思想武装头脑，坚持党的全面领导，严明政治纪律和政治规矩，教育引导工会系统广大党员干部深刻领悟“两个确立”的决定性意义，增强“四个意识”、坚定“四个自信”、做到“两个维护”，在思想上政治上行动上同以习近平同志为核心的党中央保持高度一致，始终保持工会工作正确政治方向，把党的领导落实到党的工运事业和工会工作各领域各方面各环节。

二、工作内容

（一）“第一议题”制度

工会各级党组织在召开会议时，将学习贯彻习近平新时代中国特色社会主义思想、党的最新理论成果和党中央重大决策部署作为第一项议程，确保党的理论创新成果能够迅速、有效地传达到工会系统各级党组织和广大党员。

（二）重大事项请示报告制度

开展重大事项请示报告工作应当遵循以下原则：坚持政治导向，把请示报告作为重要政治纪律和政治规矩，把讲政治要求贯彻到请示报告工作全过程和各方面。坚持权责明晰，既牢记授权有限，该请示的必须请示，该报告的必须报告；又牢记守土有责，该负责的必须负责，该担当的必须担当。坚持客观真实，全面如实请示报告工作、反映情况、分析问题、提出建议，既报喜又报忧、既报功又报过、既报结果又报过程。坚持规范有序，严格按照党章党规规定的主体、范围、程序和方式开展重大事项请示报告工作。

（三）工会党组理论学习中心组学习制度

工会党组理论学习中心组是党组领导班子和领导干部在职理论学习的重要组织形式。中心组学习以政治学习为根本，以深入学习中国特色社会主义理论体系为首要任务，以深入学习贯彻习近平总书记重要讲话精神为重点，以掌握和运用马克思主义立场、观点、方法为目的，通过集体学习研讨、个人自学、专题调研等形式，开展切实有效的学习活动，集体学习研讨每季度不少于1次。中心组成员主要由党组领导班子成员组成，根据学习需要适当吸收有关人员参加。

（四）党内基本制度

1. 民主集中制。工会系统各级党组织坚持集体领导和个人分工负责相结合，凡属重大问题，按照集体领导、民主集中、个别酝酿、会议决定的原则，由集体讨论、按少数服从多数作出决定，把民主集中制的优势变成政治优势、组织优势、制度优势、工作优势。

2. 组织生活制度。落实“三会一课”、主题党日、民主生活会和组织生活会、民主评议党员、谈心谈话、请示报告等制度，坚持抓在日常、严在经常。

3. 党员教育管理制度。把学习习近平新时代中国特色社会主义思想作为首要政治任务，坚持集中教育和经常性教育相结合，组织培训和个人自学相结合，组织党员读原著、学原文、悟原理，切实做到学懂弄通做实。

三、组织实施

（一）机构

党组履行全面从严治党主体责任，机关党委是党建工作的专责机构，机关纪委负责监督、执纪、问责，各单位党支部担负直接教育、管理、监督党员和组织群众、宣传群众、凝聚群众、服务群众的职责。

（二）载体

1. “回头看”制度。每年对学习贯彻习近平总书记重要讲话和重要指示批示精神情况开展常态化“回头看”，定期进行督查上报，确保件件有落实、事事有回音。

2. 定期请示报告制度。各级工会每年向同级党组织至少作 1 次全面工作汇报，全国总工会每年向中央书记处至少作 1 次全面工作汇报，遇有重大问题及时请示报告。

3. 开展党建述职评议考核、“一把手”述责述廉。约谈考核等次为“一般”“差”的党组织负责人。建立党建述职评议考核与部门综合考核、直属单位经营业绩考核联动机制。

第二节　全面从严治党

一、目标要求

深入贯彻习近平总书记关于党的建设的重要思想、关于党的自我革命的重要思想，坚持全面从严治党各领域各方面各环节全覆盖，坚持全面从严治党过程和效果相统一，推动工会系统全面从严治党向纵深发展，着眼增强政治领导力抓实政治建设、增强思想引领力强化理论武装、增强贯彻执行力严密组织体系、增强群众组织力走好群众路线、增强社会号召力加强团结凝聚、增强自身免疫力推进自我革命。

二、工作内容

（一）主体责任

党组履行全面从严治党主体责任，坚决维护习近平总书记党中央的核心、全党的核心地位，坚决维护以习近平同志为核心的党中央权威和集中统一领导，贯彻执行党中央决策部署。

1. 把党的政治建设摆在首位，保持和增强工会工作和工会组织的政治性、先进性、群众性，坚持不懈用习近平新时代中国特色社会主义思想凝心铸魂。

2. 加强和改进作风，深化落实中央八项规定及其实施细则精神，持续整治“四风”。

3. 加强党的纪律建设，带头遵守和严格执行党内法规制度，加强对机关党委和直属单位党组织的领导，推进“四强”党支部建设。

4. 督促巡视发现问题、党内集中教育检视问题、民主生活会查摆问题整改，建立完善巡视整改监督机制。

（二）第一责任

党组书记履行机关全面从严治党第一责任人职责，对机关党建工作负总责。定期主持召开党组会议听取机关党建工作汇报，讨论决定机关党建重要工作、重要事项，研究解决重点难点问题。

1. 带头贯彻执行民主集中制，严格执行“三重一大”事项集体决策和“一把手”末位表态制度。

2. 带头贯彻党管干部、党管人才原则，贯彻落实党中央关于干部人事人才工作的重要决策部署，组织研究机关领导班子和干部队伍建设重要事项，讨论决定干部任免、处分问责等事项。

3. 严格落实中央八项规定及其实施细则精神，带头整治“四风”特别是形式主义、官僚主义问题，切实为基层减负。

4. 发扬密切联系群众工作作风，落实基层联系点制度、机关干部赴基层蹲点制度、群众接访制度等。

5. 严格执行干部报告个人有关事项等制度，带头教育管理好亲属和身边工作人员。抓好巡视整改工作。自觉接受派驻纪检监察组及党组织、党员和群众监督。推动完善机关党内监督体系。

（三）“一岗双责”

党组成员根据工作分工，对职责范围内的全面从严治党工作负重要领导责任，按照“一岗双责”要求，领导、检查、督促分管单位全面从严治党工作。

1. 督促指导分管单位党组织加强理论武装，结合实际经常开展专题性调查研究工作。抓好分管单位意识形态工作和维护劳动领域政治安全工作。定期听取分管单位党建工作情况专题汇报；定期与分管单位领导班子成员谈心谈话，努力扩大与分管单位党员谈心谈话覆盖面。

2. 建立党组成员抓党建工作档案。定期对分管单位领导班子和干部队伍建设工作进行研究部署，参加指导分管单位领导班子专题民主生活会。加强对分管单位党员领导干部的教育管理监督，及时发现和纠正苗头性、倾向性问题，支持和配合纪检监察组织开展监督执纪工作。

3. 严格落实党内政治生活制度，主动以普通党员身份参加所在党支部的组织生活会，带头开展谈心谈话、批评和自我批评，每年为分管单位党员干部讲专题党课。

4. 切实加强纪律和作风建设，督促指导分管单位整治“四风”特别是形式主义、官僚主义问题，切实为基层减负；发扬密切联系群众工作作风，落实基层联系点制度、机关干部赴基层蹲点制度、群众接访制度等；加强党纪学习教育，保持严的基调、严的措施、严的氛围。严格执行干部报告个人有关事项等制度，教育管理好亲属和身边工作人员。

5. 督促分管单位做好巡视整改工作。自觉接受派驻纪检监察组及党组织、党员和群众监督。

6. 机关党委书记承担机关党建直接责任人职责，认真贯彻执行民主集中制，经常性向党组书记汇报落实党中央决策部署和党建工作情况。参与研究机关领导班子和干部队伍建设重要事项，讨论决定干部任免、处分问责等事项。

（四）监督责任

1. 支持配合中央和各级党委落实全面从严治党主体责任情况的监督检查和巡视，对存在问题加强整改落实，将落实全面从严治党主体责任情况作为接受党委组织部门年度工作评议考核的重要内容。

2. 支持配合中央和各级机关工委对机关党的工作的统一领导，自觉接受中央和各级机关工委对党组履行机关党建主体责任的指导督促。

3. 自觉接受派驻纪检监察组的监督，积极支持、主动配合派驻纪检监察组的工作。

4. 加强对机关各单位全面从严治党责任制执行情况的监督检查，把落实全面从严治党、落实意识形态工作责任制等情况纳入巡视工作监督内容，全方位加强对“一把手”和领导班子的监督。

三、组织实施

（一）机构

全国总工会和各级工会党建工作领导机构负责工会本级全面从严治党的统筹规划、组织协调、整合力量、监督落实，定期听取机关党建工作汇报，及时研究解决重大问题，定期专题研究机关党建工作。

机关党委作为专责机构，统筹全面从严治党主体责任落实，纪委专责监督执纪，办公厅、组织部、宣传教育部等职能部门协同落实政治建设、干部管理、思想宣传等任务。

各单位党组织履行本单位全面从严治党主体责任，党组织书记履行第一责任人职责。各单位领导班子成员按照“一岗双责”要求，根据工作分工对职责范围内的全面从严治党工作负领导责任，对党员干部从严进行教育管理监督。

（二）载体

1. 创建“忠诚党的事业、竭诚服务职工”模范政治机关。

2. 创建“政治功能强、支部班子强、党员队伍强、作用发挥强”的“四强”党支部。

3. 选树“政治素质好、岗位履责好、作风品行好、群众评价好”的“四好”党员。

第三节　党风廉政建设和反腐败工作

一、目标要求

把思想和行动统一到党中央关于加强党风廉政建设和反腐败工作的重大决策部署上来，坚持用改革精神和严的标准管党治党，一体推进不敢腐、不能腐、不想腐，坚决打好工会系统反腐败斗争攻坚战持久战总体战。

严格规范权力运行，落实“三重一大”决策制度，加强工会经费和资产管理监督，严肃财经纪律，完善工程项目建设监管机制，强化招标和合同管理，严格规范工作流程，防控资产流失和廉政风险隐患。

巩固党纪学习教育成果，构建党纪学习教育长效机制，深化党章党规党纪学习教育，落实谈心谈话制度，严肃党内政治生活，注重加强对党员干部经常性廉洁教育和警示教育，增强纪法意识和自律意识，锻造忠诚干净担当的高素质专业化工会干部队伍。

层层压实各级工会党组织管党治党责任，切实把主体责任扛起来，将党风廉政建设与工会业务工作同谋划、同部署、同推进、同考核，以工作实绩检验党风廉政建设成效。加强和改进工会机关纪检组织专责监督，促进纪检监督与巡视巡察监督、财务监督、干部监督、审计监督等各种监督贯通融合，构建常态化、立体化监督体系。

二、工作内容

（一）贯彻落实中央八项规定及其实施细则精神

深入整治享乐主义、奢靡之风，细化完善制度规定，严格规范落实，坚决防止由风及腐、风腐一体。对违反中央八项规定精神典型问题要严肃查处、以儆效尤，对反复出现、普遍发生的问题深入分析、找准症结，健全制度、完善监管。坚持和完善工会联系服务职工群众各项制度，坚持领导干部基层联系点制度，落实机关干部赴基层蹲点工作长效机制，进一步密切与职工群众的血肉联系，做好职工群众的娘家人、贴心人。

（二）整治形式主义

深入学习习近平总书记关于加强党的作风建设的重要论述，贯彻落实党中央制定的《整治形式主义为基层减负若干规定》，构建完善作风建设常态化长效化工作机制，坚决防止和纠治影响党中央决策部署贯彻落实、加重基层负担以及维权服务中存在的形式主义、官僚主义问题，拓展群众监督渠道，坚决纠治群众身边不正之风，让群众切实感受到全面从严治党就在身边。持续精简规范会议文件和各类创建示范、评比达标、节庆展会论坛活动，规范借调干部，科学统筹调研，严肃查处顶风违纪、隐形变异的“四风”问题。坚决反对热衷于对上表现、不对下负责、不考虑实效的形式主义、官僚主义，让广大基层干部从一些无谓的事务中解脱出来，有更多时间精力抓好落实、服务群众。对照

《整治形式主义为基层减负若干规定》认真检视存在的问题，对干部职工反映强烈的突出问题，做好整改整治“后半篇文章”，发现一个整治一个，对具有一定典型性、普遍性的问题，集中力量开展专项整治和清理。

（三）党风廉政建设

把“严”的主基调长期坚持下去，健全完善一整套监督制度机制，把发现问题、纠正偏差、精准问责结合起来，切实管好关键人、管住关键事、管在关键时，提高日常监督震慑力和实效性。突出监督重点，加强对重点岗位、重点领域、关键环节的监督检查，进一步强化工会选人用人、经费使用、资产管理、评比表彰、项目建设等监督，重点加强对事业单位、企业、社团组织的监督管理，提高监管实效。把纪律建设摆在更加突出位置，强化政治纪律和政治规矩，把正风肃纪反腐着力点放在督促干部廉洁用权、为民用权上。坚持严管与厚爱结合，激励与约束并重，深化运用“四种形态”，坚持党性党风党纪一起抓，加强纪律教育和警示教育，塑造党员干部主动接受监督的意识，习惯在监督下工作和生活。深入推进工会机关巡视巡察工作，坚守政治巡视定位，坚持问题导向和目标导向，把巡视整改与推进工会重点工作结合起来，为促进工会工作创新发展提供有力保障。

三、组织实施

（一）机构

各级工会党组织履行全面从严治党主体责任。机关党的建设工作领导小组是党组抓全面从严治党的议事协调机构，加强对机关党的建设工作的指导。派驻工会机关纪检监察组以及工会机关纪委等纪检组织在履行监督责任同时，协助工会党组落实全面从严治党主体责任。办公厅、组织部、宣传教育部、财务部、经审办、资产部等是党组抓全面从严治党的具体执行机关，在职责范围内抓好全面从严治党相关工作。机关党委作为机关党建工作专责机构，充分发挥职能作用，协助党组落实全面从严治党主体责任。

（二）载体

全国总工会每年召开全国工会推进全面从严治党暨机关党建和纪检工作会议；定期发布工会系统党建工作、党风廉政建设工作创新案例；组织召开警示教育大会，通报工会系统违纪违法典型案例。

名词术语表

1. 工人阶级（无产阶级）：工业化进程中产生的以工资收入为主要生活来源的劳动者群体。在资本主义制度下，指不占有生产资料、依靠出卖劳动力为生、受资产阶级剥削和压迫的雇佣劳动者阶级，又称无产阶级。在社会主义制度下，工人阶级是与全体人民共同占有生产资料的国家领导阶级，一般不再称为无产阶级。在当代中国，工人阶级已成为包括产业工人、其他工人、知识分子、管理干部在内的不可分割的统一整体。

2. 人民群众：作为历史唯物主义的一个重要范畴，是指推动历史发展的绝大多数社会成员的总和。不同的时期有不同的内容，其中从事物质资料生产和精神生产的劳动者，始终是人民群众的主体。在当代中国，全体社会主义劳动者、社会主义事业的建设者、拥护社会主义的爱国者、拥护祖国统一和致力于实现中华民族伟大复兴的爱国者都属于人民群众的范畴。

3. 劳动群众：人民群众中最稳定的主体部分，在社会生产中从事体力劳动或脑力劳动，以劳动收入为主要生活来源的广大劳动者群体。从法律角度看，劳动群众或劳动者，指达到法定年龄、具备劳动能力、以自身劳动作为主要生活来源的公民。

4. 职工：在中国境内的企业、事业单位、机关、社会组织（统称用人单位）中以工资收入为主要生活来源，与用人单位依法形成劳动关系或聘任关系，以及存在事实劳动关系或聘任关系的劳动者，涵盖工人群体、管理者群体、专业技术人员群体，以及新就业形态劳动者中部分成员。

5. 职工群众：与“职工”含义相近，更强调群体性，在特定语境下，指处于非领导职务、非高级管理岗位，直接从事基础性或一线劳动的劳动者群体。

6. 职工队伍：将职工作为一个整体，指与用人单位建立法定劳动关系、以工资收入为主要生活来源的劳动者集合体。

7. 产业工人：产业体系中从事集体生产劳动、以工资收入为主要生活来源的劳动者，是工人阶级的主体力量。行业涵盖第一产业的农业，林业，畜牧业，渔业；第二产业的采矿业，制造业，建筑业，电力、热力、燃气及水生产和供应业；第三产业的研发设计与其他技术服务，货物运输、通用航空生产、仓储和邮政快递服务，信息服务，节能与环保服务，批发与贸易经纪代理服务，生产性支持服务等生产性服务业。

8. 技术工人：在生产或服务领域中掌握专业技能、从事技术性操作工作，并通过职业资格认证的非管理岗位劳动者。

9. 技能人才：掌握专门知识和技术，通过职业教育、岗位培训或工作实践积累专业技能，并取得相应的职业资格或技能等级证书，具备熟练的操作技能，并在生产服务一线解决实际问题的劳动者。

10. 工匠：具备高超技艺与精湛技能，执着专注、精益求精、一丝不苟、追求卓越，通过持续创新推动产品、技术升级的高技能劳动者。

11. 大国工匠：长期坚守在生产、服务一线，从事生产、技术等工作，具有高超技艺技能和一流业绩水平，践行工匠精神，在引领力、成就力、创新力、专注力、传承力上表现突出，为国家经济发展和重大战略实施作出突出贡献、发挥示范引领作用的优秀领军技能人才。

12. 劳动模范和先进工作者（劳模）：经党和政府以及工会组织依据规定程序评选认定，秉持爱岗敬业、争创一流、艰苦奋斗、勇于创新、淡泊名利、甘于奉献的精神，对经济社会发展作出突出贡献并发挥示范引领作用的劳动者。劳动模范称号一般授予企业职工、农民和其他社会主义建设者，先进工作者称号一般授予机关和事业单位职工。劳动模范和先进工作者简称劳模。

13. 工会： 工人阶级为保护和争取自身利益，在自愿结合基础上产生和发展起来的工人阶级群众组织，是社会经济矛盾特别是劳动关系矛盾的产物。中国工会是中国共产党领导的职工自愿结合的工人阶级群众组织，是党联系职工群众的桥梁和纽带，是社会主义国家政权的重要社会支柱，是会员和职工利益的代表。

14. 基层工会： 依照《工会法》《中国工会章程》，在企业、事业单位、机关、社会组织等基层单位中经上级工会批准建立的工会组织，是工会组织体系中最基本的组织单位，是整个工会的组织基础和工作基础。

15. 产业工会： 由同一行业或性质相近的几个行业职工组成的工会组织。

16. 行业工会： 以同一经济门类或行业为范围，组织本行业不同单位职工成立的工会组织。

17. 基层工会联合会： 若干个企业、事业单位、机关和社会组织，在各自成立基层工会组织基础上，在一定区域或行业内，按联合制、代表制原则建立的区域性或行业性基层工会组织。

18. 工会法人资格： 工会作为法人组织，具有民事权利能力和民事行为能力，依法独立享有民事权利和承担民事义务的资格。依照《工会法》的规定，工会组织的法人资格取得分为两种情况。一是中华全国总工会、地方总工会、产业工会从成立之日起即取得社会团体法人资格，无须登记。二是符合法定条件的基层工会经登记依法取得社会团体法人资格。

19. 工会会员： 以工资收入为主要生活来源，自愿加入工会组织、承认工会章程、享有会员权利、履行会员义务的劳动者。

20. 工会工作者： 在工会组织中从事工会工作的人员，包括工会专职干部、工会兼挂职干部、工会社会工作者及事务性岗位人员等。

21. 工会干部： 在工会组织中履行领导决策、组织管理、执行实施职责，经民主选举或依照规定程序产生、纳入专职岗位序列的工作人员，包括工会专职干部和工会兼挂职干部。

22. 工会社会工作者： 地方工会通过社会公开招聘，定岗在乡镇（街道）、开发区（产业园区）、村（社区）工会和区域性、行业性工会联合会等基层工会的专职从事工会工作的合同制人员，主要负责组建工会和发展会员，指导基层工会加强建设，做好思想引领、建功立业、维权服务等工作。

23. 工人运动（工运）： 工人阶级为争取自身和民族权益、推动社会进步，通过有组织的集体行动开展的社会运动，简称工运。不同社会制度不同历史阶段，工人运动的目标、形式和社会影响有所不同，呈现出鲜明的阶级性和时代性特点。

24. 工运事业： 由工人阶级及其组织发起和参与的，旨在争取和维护劳动者权益、促进劳动者发展、推动社会变革与进步的系统性、长期性活动，具有整体性和可持续性。中国工运事业是中国共产党领导中国工人阶级和工会组织，为实现工人阶级根本利益和国家整体利益而进行的理论探索和实践活动，是党的事业的重要组成部分。

25. 工会发展道路： 工会发展所选择的路径和模式，包括工会发展的指导思想、政治保证、根本任务、职能作用、组织体制、内在动力等方面的内容。中国特色社会主义工会发展道路是对中国工会成立以来理论成果与实践经验的高度概括和科学总结，回答了“走什么样的工会发展道路、建设什么样的工会”这一重大时代课题，是中国特色社会主义道路的重要组成部分。

26. 工运理论： 研究工人运动的本质、规律与策略的理论体系，以工人运动实践为基础，对工人运动、工会工作特点、本质与规律的系统化认识，涵盖工人运动、工会工作性质、起源、发展路径、组织方式、政治功能和社会影响等内容，指导工会方针政策制定与工作开展，具有鲜明的实践性和针对性。

27. 工运学说： 关于工人运动的系统性思想体系，是对工人阶级斗争实践、发展规律及社会影响的综合性学术阐释。涵盖不同历史阶段、不同流派对工人运动起源、目标、策略、本质等问题的理论探索，为理解和研究工人运动提供多元视角与理论工具，随实践发展不断丰富，具有学术性与包容性。

28. 工运方针：政党或政权在一定历史时期内，为指导工人运动与工会工作确定的总方向与基本准则，是基于对当时社会矛盾、劳资关系及工人阶级需求的判断而制定的行动纲领，具有时效性和针对性，随社会环境变化而调整，是确保工运事业有序推进的重要指导原则。也可称为工会工作方针。

29. 工运主题：特定历史阶段工人运动围绕的核心任务或中心议题，是工运实践与理论的聚焦点，由当时的社会矛盾、劳资关系状况及工人阶级的主要诉求决定，具有鲜明的时代性，统领工人运动的具体形式和目标，是工运事业发展方向的集中体现。中国共产党的中心任务是中国工人运动的时代主题，新时代工人运动的主题是以中国式现代化全面推进强国建设、民族复兴伟业。

30. 生产关系：是人们在物质生产过程中形成的不以人的意志为转移的经济关系，是社会关系中最基本的关系，包括生产资料所有制关系、生产中人与人的关系和产品分配关系等。

31. 劳动关系：用人单位与劳动者之间依法建立的，劳动者提供有偿劳动、用人单位支付报酬并承担相应法律义务的社会经济关系，属于生产关系的重要组成部分。在一定场合下被称为“劳资关系”。

32. 产业关系：企业及其代表、劳动者及其代表与政府三方在劳动过程中形成的权利、义务、利益冲突与协调关系的总和，涵盖国家或产业层面系统，属于整个社会层面的劳动关系。

33. 用人单位：依法招用劳动者、建立劳动关系，并承担相应权利义务的组织或个体经营者，包括企业、个体经济组织、民办非企业单位、国家机关、事业单位和社会组织等。

参考文献

1. 中华全国总工会、中共中央文献研究室编：《毛泽东 邓小平 江泽民论工人阶级和工会工作》，中央文献出版社2002年版。

2. 中共中央党史和文献研究院编：《习近平关于工人阶级和工会工作论述摘编》，中央文献出版社2023年版。

3. 本书编写组编著：《〈中共中央关于进一步全面深化改革、推进中国式现代化的决定〉辅导读本》，人民出版社2024年版。

4. 王永玺、赵巧萍主编：《新编中国工会史》，中国工人出版社2013年版。

5. 中国工运研究所编：《新编中国工人运动史》上下卷，中国工人出版社2016年版。

6. 中华全国总工会组织部编：《工会组织工作文件选编》，中国工人出版社2019年版。

7. 中央和国家机关工委：《新时代机关党建简明读本》，党建读物出版社2021年版。

8. 本书编写组编著：《新编党的组织生活指导手册》，党建读物出版社2022年版。

9. 司法部编：《新编中华人民共和国常用法律法规全书》，中国法制出版社2023年版。

10. 中华全国总工会组织部编：《中国工会章程简史（第3版）》，中国工人出版社2024年版。

11. 中华全国总工会法律工作部编著:《工会劳动法律监督“一函两书”工作指导手册》, 中国工人出版社 2024 年版。

12. 王慧、邵月娥主编:《基层工会干部实务教材(安徽版)》, 中国工人出版社 2024 年版。